Pliny

Des C. Plinius Cäcilius Secundus Briefe

Pliny

Des C. Plinius Cäcilius Secundus Briefe

ISBN/EAN: 9783744635318

Hergestellt in Europa, USA, Kanada, Australien, Japan

Cover: Foto ©Andreas Hilbeck / pixelio.de

Weitere Bücher finden Sie auf **www.hansebooks.com**

Des

C. Plinius Cäcilius Secundus

Briefe.

Uebersetzt

von

Ernst Klußmann.

Erstes Bändchen.
(1. bis 3. Buch.)

Stuttgart.

Hoffmann'sche Verlags-Buchhandlung.

1869.

Erstes Buch.

1.

C. Plinius Secundus an Septicius. [1])

Gar oft haft Du mich aufgefordert, meine Briefe, soweit ich auf
die Abfassung derselben irgend größere Sorgfalt verwendet, zu sammeln und zu veröffentlichen. So habe ich sie denn ohne Rücksicht auf
die Zeit ihrer Entstehung (denn ich wollte ja keine Geschichte schreiben),
wie sie mir eben in die Hände fielen [2]), gesammelt. Möge nur nicht [2]
am Ende Dich Deine Aufmunterung, mich die Bereitwilligkeit, mit
welcher ich derselben nachgekommen bin, gereuen. Dann will ich auch
die, welche bis jetzt unberücksichtigt liegen geblieben sind, hervorsuchen
und, falls ich mittlerweile neue schreibe, auch diese nicht zurückhalten.
Lebe wohl!

---

1.   [1]) Wol derselbe, welchen Plinius II. 9. 4. C. Septicius Clarus und den
Oheim des Sextus Erucius Clarus nennt und an den auch die Briefe I. 15. VII.
28. VIII. 1. gerichtet sind. Hadrian ernannte denselben später zum Obersten seiner Leibwache; doch fiel er bald nachher mit einer großen Anzahl der ersten Hof-
beamten, worunter sich auch der Kabinetssekretär Suetonius Tranquillus befand,
in Ungnade und wurde aus seiner Stellung im Jahre 121 entfernt, „weil sie
sich am Hofe der kaiserlichen Gemahlin Sabina ohne des Kaisers Autorisation gewisse Freiheiten genommen hatten, welche die Achtung vor der Etiquette des kaiserlichen Hauses verletzten" (Spartian in der Biographie Hadrians, Cap. 11).

    [2]) Nach den neuesten Untersuchungen war dieß nicht der Fall, sondern das
ganze erste Buch ist unter Nerva in den Jahren 96 und 97 geschrieben und
veröffentlicht.

2.

C. Plinius an Arrianus.

Weil ich eine längere Verzögerung Deiner Ankunft voraussehe, rücke ich mit der in meinen früheren Briefen verheißenen Schrift[1] heraus mit der Bitte, sie Deiner Gewohnheit gemäß zu lesen und darin zu bessern. Ich bitte um so mehr darum, weil ich früher nichts in ganz 2 demselben Stile geschrieben zu haben glaube. Ich habe nämlich versucht, dem Demosthenes, der von jeher Dein Liebling, und dem Calvus[2], der seit Kurzem der meinige ist, das heißt wenigstens in den feineren Wendungen der Rede, nachzuahmen. Denn die Kraft solcher 3 Männer können nur „Wenige von Gottes Gnaden"[3] erreichen. Und der Gegenstand (wenn das nicht anmaßend lautet) verbot mir die Nacheiferung nicht; denn er ist fast durchgehends für ein entschiedenes Auftreten wie gemacht, und das hat mich aus langem Dämmerschlafe wach gerufen, wenn meine Natur überhaupt wachgerufen werden kann. 4 Jedoch habe ich mich nicht ganz von der étalage unseres Marcus[4] losgesagt, wenn an passender Stelle ein anmuthiges Plätzchen mich ein wenig abseits vom Wege verlockte; denn ritterlich, nicht schulmeister- 5 lich wollte ich sein. Glaube nur nicht, daß ich durch diese Einrede Gnade für Recht bei Dir fordern will. Ich will nämlich, um die Schärfe Deiner Feile noch zu steigern, nur gleich gestehen, daß sowohl ich, wie meine Freunde, einer Veröffentlichung nicht abgeneigt sind,

---

2. [1] Es war, wie das Folgende ergiebt, eine Rede, vielleicht die gegen Publicius Certus in der Sache des Helvidius Priscus (vgl. IV. 21, VII. 30, IX. 13).

[2] C. Licinius Calvus, der Freund Catulls, ein gleich bedeutendes poetisches wie rednerisches Talent, als Redner der begabteste Chorführer und Mitbegründer einer selbständigen Schule, die der ciceronischen mit dem Anspruch und dem Bewußtsein der Ebenbürtigkeit gegenüber trat. Er war der Vertreter der sogenannten Atticisten, welche, eine scharfe Grenze zwischen prosaischer und poetischer Diction ziehend, den keuschen, präcisen, schlanken und mit leiser Ironie schlagenden, aber etwas herben und blassen Stil der ältern attischen Redner, namentlich des Lysias, als mustergiltig hervorhoben gegenüber der glänzenden, durch glatte Anmuth bestechenden, poetisirenden Phraseologie der Asianer.

[3] Reminiscenz aus Vergil (Aen. 6. 129): „nur Wenige, die sich der Gnade Jupiters freu'n."

[4] M. Tullius Cicero (vgl. den Brief an Atticus I. 14).

falls nämlich Du etwa uns Schwankenden Dein Ja zurufst. Denn 6 etwas herausgeben muß ich durchaus, und zwar gar zu gern gerade Dieses, was ich fertig habe (da hast Du die Beichte der Trägheit!). Heraus muß etwas aus mehreren Gründen, zunächst schon deßhalb, weil, wie ich höre, die kleinen Dinge, welche ich hinausfliegen ließ, obgleich sie nicht mehr mit dem Reize der Neuheit umkleidet sind, immer noch gelesen werden, es müßten denn die Buchhändler mir damit nur etwas Artiges sagen wollen. Nun, mögen sie; wenn sie mir nur mit dieser Täuschung meine Arbeiten lieb machen. Lebe wohl!

3.

C. Plinius an Caninius Rufus [1]).

Was macht Comum, meine und Deine Wonne? was das reizende Landhaus vor der Stadt? was die liebe Säulenhalle mit ihrem ewigen Frühling? was das tiefschattige Platanenwäldchen? was der smaragdene und in Brillanten schillernde Kanal? was der anliegende dienstbare See? was die sanfte und doch so feste Fahrbahn [2])? was das von der Sonne umkreiste und von ihrem vollen Strahle erleuchtete Bad? was der große, was der kleine Speisesaal? was die Wohn- und Schlafzimmer? Fesseln sie Dich und theilen sich wechselnd in 2 Deinen Besitz? oder lässest Du Dich, wie früher, durch den Eifer für Deine häuslichen Angelegenheiten zu häufigen Ausflügen verlocken? Fesseln sie Dich, so bist Du der Glücklichen und Auserwählten einer; wenn nicht, so zählst Du zu den Alltagsmenschen. Ueberlaß doch 3 (denn Zeit ist es) die kleinlichen und engherzigen Sorgen Anderen und gieb Dich selbst in dieser tiefen und behaglichen Einsamkeit ganz Deinen Studien zu eigen. Laß sie Dir Geschäft und Muße, Arbeit und Erholung, Taggedanke und Traum sein. Schaffe und bilde etwas, was 4

---

3. [1]) Caninius Rufus, wie Plinius, aus Comum gebürtig und von lebhaftem Interesse für die Erscheinungen der literarischen Welt, versuchte sich besonders auf dem Felde des Epos.

[2]) Alleenähnliche, theils offene, theils bedeckte, geebnete und feste, aber nicht gepflasterte Promenaden, auf denen sich die wohlhabenden Römer, um dem Körper eine gleichmäßige und heilsame Bewegung zu schaffen, in offenen Tragsesseln sitzend oder liegend im Freien umhertragen oder fahren ließen.

Dein unverlierbares Eigenthum sei. Denn Dein sonstiger Besitz wird nach Dir einem andern und wieder einem andern Herrn zufallen, dieses aber, wenn einmal in Deinem Besitze, wird nie aus demselben
5 schwinden. Ich weiß, zu welchem Herzen, zu welchem Geiste ich rede. Strebe Du nur danach, Dir selbst so viel zu sein, wie, wenn Du es bist, Du bei Andern gelten wirst. Lebe wohl!

4.

C. Plinius an seine Schwiegermutter Pompeja Celerina[1].

Wie viel Schätze bergen Deine Landgüter in Ocriculum[2]), in Narnia[3]), in Carsulä[4]) und in Perusia[5]), ja, in Narnia schon das Bad allein!...[6]) Von meinen Briefen (denn Briefe von Dir sind nicht mehr nöthig) genügt jener kurze, den ich vor längerer Zeit schrieb.
2 Wahrhaftig, ich fühle mich in meinem eigenen Hause nicht heimischer als bei Dir; nur darin finde ich einen Unterschied, daß mich Dein Gesinde mit größerer Rücksicht und Aufmerksamkeit empfängt,
3 als mein eigenes. Du wirst vielleicht dieselbe Erfahrung machen, wenn Du einmal bei mir einkehrst. Ich möchte Dich bitten, es zu thun, theils damit Du in meinem Hause es Dir ebenso wohl sein lassest, wie ich in dem Deinen, theils damit meine Leute, die meiner Ankunft ohne alle Aufregung, ja, fast mit Gleichgültigkeit entgegen-
4 sehen, endlich einmal aus dem Schlafe gerüttelt werden. Denn bei nachsichtigen Herren verlieren die Diener schon durch die Gewohnheit alle Furcht, nur das Ungewohnte regt sie an und sie wollen ihren Herren lieber durch Bemühungen um Andere, als um die Herren selbst gefallen. Lebe wohl!

---

4. [1]) Plinius war dreimal verheirathet, und zwar zweimal unter Domitian (vgl. an Trajan 2). Die zweite Frau, Stieftochter des Vettius Proculus, starb im Jahre 97 (IX. 13. 4 u. 13). Die überlebende Mutter (VI. 10. 1), Pompeja Celerina, war sehr reich und theilte mit dem Schwiegersohn ihr Vermögen (III. 19. 8).
[2]) Stadt in Umbrien, unfern der Mündung des Nar in den Tiber.
[3]) Ebenfalls in Umbrien, an der Flaminischen Straße gelegen.
[4]) Kleine Stadt in Umbrien.
[5]) Zwischen dem Trasumenischen See und dem Tiber, jetzt Perugia.
[6]) Hier scheinen einige Zeilen verloren gegangen zu sein.

5.

C. Plinius an Voconius Romanus [1].

Haſt Du je ſeit Domitians Tode, unter dem er ebenſo arge Schurkenſtreiche, nur verſteckte, wie unter Nero verübt hatte, einen feigeren und kriechenderen Menſchen geſehen, als Marcus Regulus [2])? Ihm fing an bange zu werden, ich möchte ihm zürnen, und er hatte Grund dazu; denn ich zürnte ihm wirklich. Er hatte das Feuer zum 2 Verderben des Ruſticus Arulenus [3]) geſchürt und über deſſen Tod gejubelt, dergeſtalt, daß er eine Schrift vorlas und herausgab, worin er den Ruſticus verunglimpft und ihn ſogar als einen „Affen der Stoiker" bezeichnet; er nennt ihn ferner „durch eine Narbe für Vitellius gebrandmarkt" [4]). Eine neue Probe von Regulus Beredtſamkeit. Er läſtert den Herennius Senecio [5]), und zwar mit ſo ſchonungsloſer 3 Leidenſchaftlichkeit, daß ihm Metius Carus ſagen mußte: „Was haſt Du mit meinen Todten zu ſchaffen? ſtöre ich etwa den Craſſus oder Camerinus in ihren Gräbern?" Denn dieſe hatte er unter Nero angeklagt. Das, meinte Regulus, habe mich ſchmerzlich berührt, und 4 deßwegen hatte er mich, als er jene Schrift vorlas, nicht eingeladen. Ferner wußte er noch, welch' eine gefährliche Schlinge er mir bei den

---

5. [1]) Der Brief iſt gegen das Ende des Jahres 96 oder im Anfange des Jahres 97 geſchrieben. Ueber Voconius Romanus vgl. II. 13. 4 ff.

[2]) Einiges aus ſeinem früheſten Delatorenleben unter Nero giebt Tacitus (Hiſtorien IV. 42). Nur der Schmeichler Martial hat Worte der Anerkennung für ihn.

[3]) Ruſticus Arulenus, ein ſtrenger Anhänger der Stoa, war zur Zeit der Anklage des Pätus Thraſea Volkstribun und konnte nur durch Thraſea ſelbſt abgehalten werden, ſich für deſſen Rettung zu opfern (Tacitus' Annalen 16. 26). Als er unter Domitian das Andenken des Gemordeten durch eine Lobſchrift ehrte, wurde er hingerichtet und ſein Werk öffentlich verbrannt (Tacitus' Leben des Agricola 2 und 45).

[4]) Ruſticus war als Prätor in einem Soldatenaufſtande, als er im Auftrage des Kaiſers Vitellius mit dem Heere des eben nahenden Veſpaſian unterhandeln wollte, verwundet (Tacitus' Hiſtorien 3. 80).

[5]) Dieſem koſtete ebenfalls unter Domitian eine Biographie des Helvidius Priscus, des Schwiegerſohns des Thraſea, das Leben. Sein Ankläger war Metius Carus.

5 Centumvirn [6]) gelegt hatte. Ich war damals auf Bitten des Arulenus Rusticus Arrionilla's Beistand, der Schwester des Timon, Regulus ihr Gegner. Bei einem Punkte der Verhandlung berief ich mich auf einen Ausspruch des ehrenwerthen Metius Modestus, der damals, von Domitian verbannt, im Elend lebte. Und siehe da, Regulus fragt mich: „was hältst denn Du, Secundus, vom Modestus?" Du begreifst, welche Gefahr es für mich war, wenn ich geantwortet hätte: „alles Gute," und welche Schande, wenn ich das Gegentheil erklärt hätte. Ich darf wol sagen, daß in diesem Momente die Götter mir zur Seite standen. Ich erwiderte: „darüber will ich Rede stehen,
6 wenn die Centumvirn darüber zu Gericht sitzen werden." Und abermals wiederholte er: „ich frage, was Du vom Modestus hältst." Und zum zweiten Male entgegnete ich: „man pflegte bisher nur gegen Beklagte, nicht aber gegen Verurtheilte Zeugen abzuhören." Und er

---

[6]) Diese alte Richterbehörde wurde aus den Tribus gewählt, und zwar aus jeder Tribus 3 Richter; die Zahl von 105 wurde unter den ersten Kaisern auf 180 erhöht (Plinius' Briefe VI. 33. 3). Sie sprachen in vier Consilien oder Senate oder Tribunale getrennt, welche in der Kaiserzeit in der Basilica Julia (am Markt zwischen dem Tempel der Castoren und dem Tempel des Saturn) neben einander, aber in getrennten Lokalen verhandelten, so daß sie sich häufig unter einander störten (Plinius' Briefe II. 14. 11). Manchmal wurde dieselbe Sache, wenn nämlich die Beklagten verschieden waren, von mehreren Consilien verhandelt, und in einem solchen Falle wählte man oft den zeitgewinnenden Ausweg, die Verhandlungen, Klage, Beweis u. s. w. vor den vereinigten Consilien auf einmal zu führen. Das Urtheil aber fällte jedes Consilium für sich allein (VI. 33. 5). Plinius spricht mehrmals (I. 18. 3, IV. 24. 1, VI. 33. 2) von den vier verbundenen Consilien oder Senaten. Obwohl sie niemals Criminalsachen entschieden, so waren sie doch den Volks- und Criminalgerichten insofern verwandt, weil sie im Namen des Volks entschieden, werden deßhalb auch von Plinius den Privatgerichten entgegengestellt (VI. 33. 9) und haben manche Eigenthümlichkeiten mit den Criminalgerichten gemein, z. B. die Unterschrift (subscriptio) als Einwilligung in die anzustellende Klage (vgl. V. 1. 6) und daß ein Aufschub nicht möglich war (vgl. I. 18. 6). Vorsitzende in den einzelnen Consilien sind die Decemvirn, Oberaufseher die Prätoren (vgl. V. 9. 1. u. 2). Das Verfahren war mündlich und öffentlich. Gegen das Ende der Republik durch den Glanz der Volksgerichte verdunkelt, hoben sie sich nach dem Aufhören der letztern unter den Kaisern wieder, nicht sowohl weil sie wichtigere Sachen zu entscheiden gehabt hätten (vgl. die Klage des Plinius II. 14), sondern weil sie den aufstrebenden Talenten Gelegenheit darboten, als Redner und Juristen zu glänzen.

fragte zum dritten Male: „nun denn, so sage, nicht was Du vom Modestus, sondern was Du von des Modestus Gesinnung gegen den Kaiser hältst." Und meine Antwort lautete: „willst Du wissen, was ich [7] davon halte, nun, ich halte es nicht einmal für erlaubt, über etwas Fragen zu stellen, worüber bereits ein richterliches Urtheil erfolgt ist." Da schwieg er; ich erntete Lob und Glückwünsche, weil ich weder durch eine, wenn auch vielleicht vortheilhafte, doch entehrende Antwort meinen guten Ruf befleckt, noch mich in den Schlingen einer so hinterlistigen Fragestellung hatte fangen lassen. Jetzt also, von dem eigenen Ge- [8] wissen beängstigt, packt er Cäcilius Celer [7]), dann Fabius Justus [8]) an und bittet sie, mich wieder mit ihm auszusöhnen. Und damit noch nicht zufrieden, geht er zu Spurinna [9]) und bittet mit der ganzen niederträchtigen Armsündermiene, die ihm eigen ist, wenn er sich fürchtet: „gehe doch morgen früh zu Plinius in's Haus, aber ja recht früh, denn ich kann die Unruhe nicht länger ertragen, und suche es dahin zu bringen, daß er nicht mehr mit mir zürnt." Ich war eben erwacht; [9] da meldet ein Bote des Spurinna, er wolle zu mir kommen; ich lasse zurücksagen, ich käme zu ihm. Während so Einer zum Anderen geht, treffen wir uns in der Säulenhalle der Livia [10]). Er entledigte sich der Aufträge des Regulus und fügt so etwas von einer eigenen Fürbitte hinzu, ganz kurz, wie es einem Ehrenmann ziemt, der sich für sein gerades Gegentheil verwendet. Ich entgegnete: „ich überlasse Deinem [10] eigenen Ermessen, welche Rückantwort Du dem Regulus geben willst; ich darf gegen Dich nicht hinter dem Berge halten. Ich erwarte den Mauricus [11]) (er war damals aus der Verbannung noch nicht heimge-

---

[7]) Wol derselbe, an den VII. 17 geschrieben ist.

[8]) An ihn sind die Briefe I. 11 und VII. 2 geschrieben und des Tacitus Dialog gerichtet.

[9]) Außer dem, was Plinius (II. 7, III. 1, III. 10) über ihn berichtet, wissen wir nur, daß er schon unter Otho's Herrschaft sich als tapferer Heerführer bewährte (vgl. Tacitus' Historien II. 11, 18. u. 36, Plutarch's Otho 5 u. 6).

[10]) Auf dem Esquilin, von Augustus im Jahre 15 gebaut, von Nero zur Vergrößerung seines goldenen Hauses niedergerissen, von Domitian wieder hergestellt.

[11]) Junius Mauricus, der Bruder des Arulenus Rusticus (I. 14, II. 18, VI. 14, vgl. IV. 22), wurde von Domitian verbannt, von Nerva zurückgerufen.

lehrt); so kann ich Dir weder Ja, noch Nein sagen, da ich entschlossen bin, nach seiner Entscheidung zu handeln; er mag über meinen Ent-
11 schluß verfügen, ich werde ihm folgen." Wenige Tage darauf trifft mich Regulus selbst im Ehrengeleite des Prätors[12]); dahin hatte er mich verfolgt und bat um eine geheime Unterredung; nun äußerte er seine Besorgniß, ich möchte ihm nachtragen, was er einmal vor dem Gerichte der Centumvirn als mein und des Satrius Rufus Gegner gesagt habe, „des Satrius Rufus, der nicht mit Cicero wetteifert, son-
12 dern dem die Beredtsamkeit unserer Zeit genügt." Ich erwiderte, jetzt erst, nun er es selbst gestehe, begriffe ich den bösen Hintergedanken dabei; sonst hätte man es auch als eine ehrenvolle Bemerkung auffassen können. „Denn ich," fügte ich hinzu, „wetteifere allerdings mit Cicero und bin mit der Beredtsamkeit unserer Zeit nicht zufrieden.
13 Denn ich halte es für höchst thöricht, sich zur Nachahmung andere als die besten Muster zu wählen. Da Du eben diese Gerichtsverhandlung erwähnst, warum hast Du denn aber jene vergessen, in der Du mich fragtest, was ich von der Gesinnung des Metius Modestus gegen den Kaiser halte?" Er wurde sichtlich blaß, obwohl er eigentlich immer blaß ist, und entgegnete verlegen: „Ich wollte mit dieser Frage nicht Dir, sondern nur dem Modestus schaden." Da hast Du die ganze Herzlosigkeit des Mannes, der gar kein Geheimniß daraus macht, er
14 habe einem Verbannten schaden wollen. Er fügte den herrlichen Grund hinzu, weil jener in einem bei Domitian vorgelesenen Briefe gesagt habe: „Regulus, der ärgste Schurke unter Allem, was auf zwei Beinen geht," und da hatte doch Modestus den Nagel auf den Kopf
15 getroffen. Damit schloß ungefähr unsere Unterredung. Denn ich wollte nicht weiter eingehen, um bis zu Mauricus' Ankunft freie Hand zu behalten. Auch weiß ich recht gut, daß Regulus mal à prendre ist[13]). Denn er hat Geld und einen Anhang. Viele machen ihm den Hof, noch Mehrere fürchten ihn, und das wirkt meistens mehr
16 als Liebe. Doch kann es kommen, daß das ganze Gebäude einen Stoß erhält und einstürzt. Denn auf die Gunst der Schlechten ist

---

12) Der Amtsantritt der höheren Beamten in Rom wurde durch ein möglichst zahlreiches Geleit der Freunde und Clienten gefeiert.
13) D. h. daß dem Regulus schwer beizukommen ist.

ebensowenig zu bauen, wie auf sie selbst. Genug, ich wiederhole es nochmals, ich warte den Mauricus ab. Das ist ein gemessener, kluger und vielerfahrener Mann, der aus der Vergangenheit die Zukunft zu ermessen versteht. Ob ich wieder anknüpfe oder die Sache gehen lasse, dabei soll sein Rath mir Richtschnur sein. Ich habe Dir die 17 Sache mitgetheilt, weil Du bei unserer gegenseitigen Liebe billigerweise nicht nur um meine Worte und Handlungen, sondern auch um das, was ich vorhabe, wissen mußt. Lebe wohl!

6.
C. Plinius an Cornelius Tacitus.

Du wirst lachen; immerhin! Ich (Du kennst ja den Helden) ich habe drei Eber, drei prächtige Eber gefangen. In eigener Person? höre ich Dich fragen. In höchst eigener, ohne mich jedoch im Gering-sten aus meiner behäbigen Gemüthlichkeit bringen zu lassen. Ich saß bei den Netzen; in nächster Nähe lagen nicht etwa Jagdspieß und Lanze, sondern Griffel und Schreibtafel[1]); ich dachte über etwas nach und schrieb es nieder, um, wenn auch mit leerer Hand, mindestens mit voller Tafel heimzukehren. Du brauchst diese Art zu studiren keines- 2 weges geringschätzig anzusehen. Es ist merkwürdig, wie der Geist durch die körperliche Bewegung und Thätigkeit gehoben wird. Dann der Wald, die Einsamkeit und jene eigenthümliche Stille, die bei der Jagd herrschen muß — Alles reizt mächtig zum Denken. Also, wenn 3 Du zur Jagd gehst, kannst Du auf meine Gefahr Deinen Brodkorb und Deine Flasche, aber auch Deine Schreibtafel mitnehmen. Du wirst die Erfahrung machen, daß Minerva ebenso gut auf den Bergen haust, wie Diana. Lebe wohl!

7.
C. Plinius an Octavius Rufus[1]).

Ei, ei, auf welche Höhe hast Du mich gestellt, indem Du mir dieselbe Macht, dieselbe unbeschränkte Gewalt verliehest,

6. [1]) Kleine Notizbücher, so eingerichtet, daß man das Geschriebene leicht tilgen und durch Anderes ersetzen konnte. Sie dienten meist zu flüchtigen Aufzeichnungen, aus benen man zu Hause und in Muße das Wichtigere in die Hefte eintrug.
7. [1]) Wol derselbe mit dem Octavius, an den II. 10 gerichtet ist.

welche Homer dem allgütigen und allmächtigen Jupiter verleiht:

> Doch nur Eines gewährte der Gott und das Andre versagt' er [2]).

2 Kann doch auch ich jetzt mit gleichem Kopfnicken und Kopfschütteln auf
Deine Bitte Antwort ertheilen. Denn wie ich, zumal auf Deinen
dringenden Wunsch, es bei den Bätikern [3]) zu verantworten suchen
muß, wenn ich es ablehne, ihnen meinen Beistand gegen eine einzelne
Person zu leihen, so will es sich doch weder mit meiner Gewissenhaftigkeit, noch mit der Zuverlässigkeit, die Du bei mir anerkennst, vertra-
gen, gegen eine Provinz aufzutreten, die wegen so mancher Dienste, so
mancher Mühen, so mancher Gefahren von meiner Seite sogar seit
3 längerer Zeit an mir hängt. Darum will ich die Mittelstraße dahin
einschlagen, daß ich von den beiden Wünschen, unter denen ich einen
gewähren soll, denjenigen wähle, bei dem ich zugleich Deiner Theilnahme für den Freund und Deiner ruhigen Beurtheilung der Sachlage
genügen kann. Denn ich darf weniger darauf sehen, was Du bei
Deinem warmen Herzen für den Augenblick wünschest, als darauf, was
4 Du für alle Zukunft gutheißen werdest. Ich hoffe um die Mitte des
Octobers in Rom zu sein und dort dem Gallus [4]) persönlich mein Versprechen auf Dein und mein Wort hin zu bestätigen. Du kannst ihm
jedoch hinsichtlich meiner schon jetzt die Zusicherung geben:

> So der Kronid' und winkte sofort mit den dunkeln Brauen [5]).

5 Denn warum soll ich nicht immerfort in homerischen Versen zu Dir
reden? Lässest Du mich doch nicht reden in Deinen eignen, obwohl
ich ein so heftiges Verlangen nach denselben habe, daß ich glaube, ich
könnte um diesen Preis allein dazu verführt werden, selbst gegen die
Bätiker aufzutreten.

---

[2]) Ilias XVI. 250.

[3]) Die Bätiker oder Bewohner des südlichen Spaniens (des jetzigen Andalu-
siens und eines Theiles von Granada) hatten eine Klage anhängig zu machen gegen
einen frühern Proconsul Gallus. Da Plinius bereits früher ihre Sache gegen
Bäbius Massa im Jahre 93 energisch geführt hatte, so konnte er jetzt füglich nicht
gegen sie für Gallus auftreten (vgl. Anm. 4 zu III. 4).

[4]) Vielleicht derselbe, an den II. 17 und VIII. 20 gerichtet sind.

[5]) Ilias I, 528.

Faſt hätte ich vergeſſen, was ich doch beileibe nicht vergeſſen 6 darf, daß ich die köſtlichen Datteln erhalten habe, die jetzt mit den Feigen und Champignons ihre Concurrenz zu beſtehen haben. Lebe wohl!

8.

C. Plinius an Pompejus Saturninus [1]).

Gelegner hätte Dein Brief, in dem Du um Ueberſendung einiger Schriften von mir bitteſt, nicht kommen können; denn ich hatte eben den Entſchluß gefaßt, es zu thun. Du haſt alſo gewiſſermaßen „dem Renner in vollem Laufe die Sporen gegeben" und ſo zu gleicher Zeit Dir die Freiheit, die Mühe abzulehnen, und mir die Scheu, Dich darum zu bitten, benommen. Denn ich kann nun getroſt ein zuvorkommendes 2 Anerbieten benutzen und Du darfſt Dich nicht beklagen über Das, was Du ſelber gewollt haſt. Nur darfſt Du von einem ſo bequemen Men- 3 ſchen nichts Neues erwarten. Ich bin nämlich daran, Dich zu bitten, Deine Zeit noch einmal einer Rede zu widmen, die ich in meiner Vater-ſtadt bei der Einweihung der Bibliothek [2]) gehalten habe. Ich er-innere mich zwar, daß Du ſchon früher einige Bemerkungen dazu ge-macht haſt, allein doch nur im Allgemeinen; aber eben deßhalb möchte ich Dich jetzt bitten, Deine Aufmerkſamkeit nicht blos auf das Ganze zu richten, ſondern mit Deiner gewohnten Feile auch an die einzelnen Theile zu gehen. Es ſteht mir ja auch nach Deiner Correctur noch immer frei, ſie herauszugeben oder zurückzuhalten. Ja, vielleicht 4 wird ſogar das Ergebniß dieſer Correctur, welche ſie bei öfterer Durchmuſterung entweder der Herausgabe unwürdig finden oder eben durch ihre Beſſerungsverſuche derſelben würdig machen wird, gerade mein leidiges Schwanken zu einer Entſcheidung nach dieſer oder jener Seite drängen. Freilich liegen die Gründe dieſes Schwankens von 5 meiner Seite nicht ſo ſehr in der Schrift ſelbſt, als vielmehr in dem eigenthümlichen Stoffe; denn dieſer giebt ihr etwas den Anſchein von

---

8. [1]) Vgl. über ihn I. 16. Ein anderer iſt wol der Saturninus, an den V. 21 gerichtet iſt.

[2]) Eine Inſchrift, in welcher auch dieſer Stiftung einer Bibliothek für die Vaterſtadt Comum gedacht wird, iſt noch erhalten.

Ruhmrediglteit und Aufgeblafenheit, und das muß, wenn der Ton auch noch so gehalten und fchlicht ift, einen Druck auf meine Befcheidenheit üben, weil ich mich in die Lage verfetzt fehe, nicht etwa nur von der Mildthätigkeit meiner Eltern, fondern auch von meiner eigenen zu
6 reden. Es ift das eine gar mißliche und heikle Sache, felbft dann, wenn fie darin eine Stütze findet, daß man ihr nicht ausweichen kann. Wenn nämlich fchon fremdes Lob meiftens nicht eben geneigte Ohren findet, fo ift es vollends fchwierig, mit einer Rede über fich felbft oder über die eigenen Angehörigen nicht anzuftoßen. Sehen wir doch fchon die moralifche Größe an fich, mehr aber noch ihren lauten Ruhm und ihre offene Verkündigung mit fcheelem Auge an und enthalten uns der Bekrittelung und Bemäkelung edler Thaten erft dann einigermaßen, wenn fie aus ihrer ftillen Verborgenheit nicht hervorgezogen werden.
7 Darum gehe ich denn oft mit mir zu Rathe, ob ich das Ding, ganz abgefehen von feinen Stärken und Schwächen, blos für mich, oder auch für Andere gefchrieben laffen fein folle. Für das Erftere fpricht, daß faft Alles, dem man vor der Ausführung fich nicht entziehen kann, nach
8 dem Abfchluß an Nutzen und Reiz verliert. Alfo, um nicht ferner liegende Beifpiele herbeizuziehen, was konnte von größerem Nutzen fein, als den Beweggrund zu unferer Freigebigkeit auch fchriftlich darzulegen? Ich erreichte dadurch mehrere Vortheile, zunächft ein längeres Verweilen bei edleren Gedanken, dann bei dauernder Befchäftigung damit ein tieferes Durchfchauen ihrer Schönheit und endlich ein Schutzmittel gegen die Reue, welche einer übereilten Freigebigkeit auf dem Fuße zu folgen pflegt. Es entfprang daraus eine gewiffe Uebung in
9 der Verachtung des Geldes. Während nämlich die Natur alle Menfchen an die Wahrung deffelben gebunden hat, löfte mich eine oft und lange erwogene Liebe zur Freigebigkeit von den allgemeinen Banden der Habfucht, und meine Schenkung, meinte ich, müffe um fo anerkennungswerther fein, weil fie nicht das Ergebniß augenblicklicher
10 Aufwallung, fondern reifer Ueberlegung war. Es kam noch hinzu, daß ich nicht Schauftücke oder Fechterfpiele [3]), fondern jährliche Bei-

---

[3) Durch den vorübergehenden Reiz folcher öffentlichen Spiele fuchten fich die Reichen und Vornehmen in der Regel die ebenfo vorübergehende Gunft des Volkes zu erwerben.

träge zur Erziehung freigeborener Kinder[4]) verhieß. Nun bedürfen
aber Ergötzlichkeiten für Auge und Ohr so wenig einer Empfehlung,
daß man den Eifer für dieselben durch ein gesprochenes Wort vielmehr
dämpfen als heben sollte; soll aber Jemand die Lasten und Mühen 11
der Erziehung freudig auf sich nehmen, so sind dazu nicht nur Belohnungen, sondern auch ein sorgfältig erwogener Zuspruch ganz an
ihrem Platze. Wenn nämlich schon die Aerzte eine heilsame, aber 12
bittere Arznei mit freundlichem Zureden begleiten, um wie viel mehr
mußte ich bei meinen Bestrebungen für das allgemeine Wohl einer
zwar höchst wohlthätigen, aber keineswegs in gleichem Grade allgemein
beliebten Stiftung durch freundliche mündliche Erklärung Eingang zu
verschaffen suchen, zumal da es mir darum zu thun sein mußte, für
eine Gabe, die im Grunde nur Familien mit Kindern geboten wird,
auch die kinderlosen Familien zu gewinnen und Alle dahin zu bringen,
daß sie ein Ehrengeschenk, welches nur Wenigen zu Theil wird, ihrer-
seits geduldig erwarten und zu verdienen suchen. Allein, wie ich da- 13
mals, als ich Zweck und Bestimmung meiner Stiftung allgemein ver-
ständlich machen wollte, mehr auf den allgemeinen Nutzen, als auf
mein persönliches Hervortreten bedacht war, so beschleicht mich jetzt, wo
ich mit dem Plane der Veröffentlichung umgehe, die Furcht, es möge
den Anschein gewinnen, als habe ich es nicht auf den Nutzen Anderer,
sondern auf mein eigenes Lob abgesehen gehabt. Außerdem weiß ich, 14
daß, je edler ein Herz ist, desto mehr es den Lohn einer guten That
im eignen Bewußtsein, nicht aber im Ruhme der Menschen findet.
Denn der Ruhm muß Folge, nicht Zweck sein, und wenn er auch durch
irgend einen Zufall nicht die Folge davon sein sollte, so verliert dadurch eine ruhmwürdige That nichts an ihrer Schönheit. Wer aber 15
das, was er Gutes gethan, mit Worten zu Ehren zu bringen sucht,
der geräth leicht in den Ruf, als rühme er es nicht, weil er es gethan,
sondern als habe er es gethan, um es rühmen zu können. So verliert, was in eines Andern Munde groß und herrlich erschienen wäre,

---

[4]) Solche Unterstützungen für hülfsbedürftige Kinder, mochten sie nun Waisen
sein oder von ihren Eltern nicht erzogen werden können, setzte in Rom zuerst
Kaiser Nerva aus. Plinius scheint der erste Privatmann gewesen zu sein, der
diesem Beispiele folgte (vgl. VII. 18. 2). Die ausgesetzten Gelder wurden meist
auf Landbesitz angelegt, um der Stiftung ihre Dauer zu sichern.

durch die Erzählung des Urhebers selbst allen Werth. Denn wenn die Menschen das Werk selbst nicht zerstören können, so fallen sie über die Schaustellung desselben her. Thut man also etwas, das besser verschwiegen bliebe, so wird die Sache, und schweigt man nicht von
16 dem, was Lob verdient, so wird die Person getadelt. Aber mir steht noch ein ganz besonderer Grund im Wege. Denn gerade diese Rede habe ich nicht vor dem Volke, sondern vor den Decurionen⁵) gehalten,
17 nicht auf einem freien Platze, sondern in der Curie⁶). Es will mir also auch nicht recht passen, jetzt um das Lob und den lauten Beifall der Masse, der ich, als ich die Rede hielt, ausgewichen bin, durch die Veröffentlichung derselben zu buhlen und, während ich, um nicht den Schein der Eitelkeit auf mich zu ziehen, gerade das Volk, auf das doch die Stiftung selbst berechnet war, vom Zutritt und Eingang in die Curie ausgeschlossen habe, jetzt sogar diejenigen, denen meine Stiftung gar
18 nichts als ein gutes Beispiel gewährt, gewissermaßen durch eine aufbringliche Schaustellung um mich zu sammeln. Das sind die Gründe meines Schwankens; doch will ich Deinem Rathe folgen, und sein maßgebender Ausschlag soll meine Richtschnur sein. Lebe wohl!

9.
C. Plinius an Minutius Fundanus.

Merkwürdig, wie in der Stadt für einzelne Tage die Rechnung stimmt oder wenigstens zu stimmen scheint, während sie doch für mehrere
2 Tage und im Ganzen genommen nie treffen will! Fragt man nämlich Jemand, was er heute gethan, so darf man auf die Antwort gefaßt sein: „Ich habe bei einer Bekleidung mit der Männertoga das Ehrengeleit gegeben¹), ich besuchte eine Verlobung oder eine Hochzeit,

---

⁵) Der Stadtrath oder die Senatoren der Municipien.
⁶) Das Rathhaus mit dem Sitzungssaale der Senatoren.
9. ¹) Der Austritt aus den Knabenjahren wurde auch zu Rom feierlich begangen. Der betreffende, gegen 15 oder 16 Jahre alte Knabe legte das verbrämte Kinderkleid ab und zog die Männertoga an. Aus dem Elternhause wurde er, um den Glanz der Feierlichkeit zu erhöhen, unter zahlreichem Geleite geladener Freunde und Verwandten auf das Forum und dann, um ein Opfer zu bringen, auf das Capitol geführt.

Der bat um meine Gegenwart bei der Besiegelung eines Testaments [2]), Jener um meinen Beistand vor Gericht, ein Anderer um meine Anwesenheit bei einer Sitzung [3])." Das mag an dem Tage, wo man es thut, unumgänglich sein; bedenkt man aber, daß man es Tag für Tag gethan hat, so erscheint es schaal und unnütz, vollends aber, wenn man sich aus dem Stadtleben zurückgezogen hat. Denn dann kommt einem der Gedanke, wie viele Tage man mit so trivialen Dingen vergeudet hat. So geht es mir, seitdem ich auf meinem Laurentinum [4]) lese oder schreibe oder meiner Gesundheit lebe, von der der Geist getragen und frisch erhalten wird. Da höre ich nichts, was ich gehört, da spreche ich nichts, was ich gesprochen zu haben bedauern müßte; da verkleinert Keiner den Andern in liebloser Rede, ich selber zanke mit Niemand, außer manchmal mit mir selbst, wenn ich mich gar zu ungeschickt beim Schreiben anstelle; auch regt mich keine Hoffnung, keine Furcht auf, mich beunruhigt kein Geschwätz: ich verkehre nur mit mir selbst und mit meinen Büchern. Das ist ein ächtes, herziges Leben; das ist eine süße, verständige Geschäftslosigkeit, gegen die fast jedes Geschäft zurücktreten muß. Und du, o Meer, und du, Meeresgestade, eigentlicher und heimlicher Musensitz, wie viel webt und wirkt ihr in mir! Ja, verlaß auch Du bei der ersten besten Gelegenheit jenes Getümmel, das schaale Laufen und Rennen und all die trübselige Mühsal und wirf Dich der Wissenschaft und den Musen in die Arme! Ist es doch, nach der sinnigen und feinen Bemerkung unsres Atilius [5]), besser, nichts zu thun haben, als nichts thun. Lebe wohl!

[2]) Die Tafeln, aus denen ein Testament bestand, wurden gleich nach dessen Abfassung zusammengelegt und mit zwei Löchern durchbohrt, durch welche man Fäden zog. Diese wurden zusammengeknüpft und auf der Außenseite versiegelt. Die Handlung des Besiegelns bewirkte sowohl der Testirende selbst, als auch die zugezogenen Zeugen, welche dann mit dem Testator ihre Namen neben dem Siegel eintrugen.

[3]) Die oberrichterlichen Magistratspersonen pflegten sich für die zu haltenden Sitzungen mit Rathgebern und Freunden zu umgeben, welche den Namen assessores (Beisitzer) und consiliarii (Räthe) führten (vgl. I. 20. 12, V. 1. 5).

[4]) Die Villa des Plinius bei Laurentum (vgl. II. 17).

[5]) Vielleicht Atilius Crescens, von dem VI. 8 die Rede ist. Demselben scheint die II. 14 2 angeführte treffende Aeußerung anzugehören.

10.
C. Plinius an Attius Clemens.

Wenn je, so stehen jetzt[1]) die schönen Wissenschaften in unserer
2 Stadt in voller Blüthe. Ich könnte viele glänzende Beweise dafür
anführen; allein schon eins dürfte genügen, der Philosoph Euphrates[2]).
Ihn lernte ich schon in früher Jugend in Syrien, wo ich im Heere
stand, genau kennen, war in seinem Hause eingeführt, und bemühte
mich um seine Liebe, so wenig Mühe es auch kostete. Denn er ist zu-
vorkommend und zugänglich und ein volles Bild der Humanität,
3 welche er lehrt. Möcht' ich doch die Erwartungen, welche er damals
von mir hegte, in gleichem Grade erfüllt haben, wie seine eigenen
geistigen Vorzüge seitdem in bedeutendem Maße gewachsen sind. Es
kann freilich sein, daß ich dieselben jetzt um so mehr bewundere, je
mehr ich sie begreife. Und selbst jetzt noch begreife ich sie nicht voll-
4 kommen. Denn gleichwie über einen Maler, Steinkünstler und Bildhauer nur der Künstler ein vollgültiges Urtheil hat, so vermag auch
5 einen Weisen nur der Weise ganz zu würdigen. Allein, soweit ich
mir ein Urtheil zutrauen darf, besitzt Euphrates so auffallend glänzende Eigenschaften, daß selbst ein nicht sonderlich Gelehrter davon angezogen und ergriffen werden muß. Er bespricht seinen Gegenstand
mit Scharfsinn, Würde und Geschmack, und nicht selten trägt seine
Rede das Gepräge platonischer Erhabenheit und Fülle. Sein Ausdruck ist reich, mannigfaltig und von außerordentlicher Anmuth, so
daß er den Zuhörer selbst wider dessen Willen bestimmt und fortreißt.
6 Dazu kommt der hohe Wuchs, das schöne Gesicht, das herabwallende
Haar, der lange, eisgraue Bart — Dinge, die zufällig und gleich-

10. [1]) D. h. seit Domitians Tode und Nerva's Thronbesteigung, mit der die
Lehr- und Redefreiheit wiederkehrte (vgl. VIII. 14), Wissenschaft und Künste sich
frei regen durften (vgl. III. 13), die verbannten Philosophen nach Rom zurück-
kamen. Der Brief fällt danach in das Jahr 97 oder 98.
[2]) Dieser stoische Philosoph, der Gegner des Pythagoräers Apollonius von
Tyana, hatte zur Zeit der Philosophenausweisung aus Rom seinen Lehrstuhl von
dort nach Syrien verlegt, wo damals Plinius als Kriegstribun lebte (vgl. III,
11. 5). Unter Nerva nach Rom zurückgekehrt, endete er unter Hadrian durch
Selbstmord.

gültig scheinen mögen, die ihm aber ein hochwürdiges Ansehen geben. Nichts Abstoßendes im Aeußern, nichts Finsteres, aber ein großer 7 Ernst: seine Begegnung würde Ehrfurcht einflößen, nicht zurückschrecken. Sein Leben ist von makelloser Unbescholtenheit, sein freundliches Wesen dem entsprechend; wenn er das Laster verfolgt, so gilt es der Sache, nicht der Person, Irrende straft er nicht, sondern bessert sie. Man folgt seinen Lehren mit Aufmerksamkeit und Spannung und möchte, selbst wenn man bereits überzeugt worden ist, nochmals überzeugt werden. Nun hat er auch drei Kinder, darunter zwei Söhne, die er 8 mit der größten Sorgfalt erzieht. / Sein Schwiegervater, Pompejus Julianus, würde, wenn er es nicht bereits durch sein ganzes sonstiges Leben wäre, schon dadurch allein sich als ein großer und bedeutender Mann bewähren, daß er, obwohl der erste Mann in der Provinz, trotz den glänzendsten Anträgen nicht den Ersten an Amt und Würden, sondern den Ersten an Weisheit zum Schwiegersohn wählte. Doch 9 was rede ich so lange von einem Manne, dessen ich mich nicht erfreuen soll? etwa um es doppelt schmerzlich zu empfinden, daß ich es nicht soll? Denn ich werde von meinem ebenso wichtigen als mühseligen Amte ganz in Anspruch genommen. Da sitze ich denn auf der Amtsbühne ³), unterzeichne die Eingaben, vollziehe die Gesuche und habe überhaupt viele, aber höchst geistlose Schreibereien. Manchmal (aber 10 wie selten wird mir selbst dieses!) schütte ich gegen Euphrates mein Herz über diese Beschäftigung aus. Er sucht mich zu trösten und versichert sogar, es sei dieß ein Theil, und zwar der schönste Theil der Philosophie, im Dienste des Staates thätig zu sein, mit den Parteien zu verhandeln, Entscheidungen zu geben, das Recht zu schöpfen und zu üben und das, was die Philosophie lehrt, praktisch zu betreiben. Trotzdem kann er mich wenigstens davon nicht überzeugen, daß eine 11 solche Beschäftigung besser sei, als ihm selbst ganze Tage lang zuzuhören und von ihm zu lernen. Desto mehr rathe ich Dir, der ja durch keine Geschäfte gebunden ist, sobald Du in die Stadt kommst (und gerade darum solltest Du Dein Kommen beschleunigen), Dich ihm

---

³) Welches Amt Plinius damals bekleidete, ist nicht mit Sicherheit zu bestimmen. Er war im Jahre 97 Präsident des Kriegsschatzes, in den Jahren 98 bis 101 des Staatsschatzes im Tempel des Saturn. Was er von seiner Thätigkeit berichtet, läßt sich auf beide Stellungen beziehen.

12 ju Deiner letzten und vollkommenen Ausbildung in die Arme zu wer-fen. Denn ich mißgönne nicht, wie Viele, Andern ein Glück, das ich selbst entbehren muß, sondern es ist mir im Gegentheil ein wohlthuen-des Gefühl, meine Freunde im Vollgenusse Dessen zu wissen, was mir versagt ist. Lebe wohl!

11.
C. Plinius an Fabius Justus[1]).

Seit undenklicher Zeit habe ich keine Zeile von Dir gesehen. Du sagst: „ich habe nichts zu schreiben." Nun, so schreibe wenigstens soviel, daß Du nichts zu schreiben habest, oder auch nur die wenigen Worte, mit denen unsere Vorfahren ihre Briefe zu beginnen pflegten: „wenn Dich mein Brief gesund antrifft, soll es mich freuen; ich bin gesund." Das genügt mir; denn es ist die Hauptsache. Du denkst
2 vielleicht, ich scherze nur; im Gegentheil, ich bitte ernstlich darum, laß mich wissen, wie es Dir geht, denn es macht mir große Unruhe, es nicht zu wissen. Lebe wohl!

12.
C. Plinius an Calestrius Tiro[1]).

Ich habe einen schweren Verlust erlitten, wenn ich mit diesem kalten Worte die Trennung von einem so bedeutenden Manne bezeich-nen darf. Corellius Rufus ist gestorben, und zwar, was meinen Schmerz herber macht, durch eignen Entschluß. Ist doch der schmerz-lichste Tod der, welchen man weder als einen natürlichen, noch als
2 eine Schickung betrachten kann. Denn ein wie großer Trost auch bei Denen, die eines natürlichen Todes sterben, in der allgemeinen Natur-nothwendigkeit liegt, so wird doch bei Denen, welche ein freiwilliger Tod von uns nimmt, der Schmerz gerade dadurch unheilbar, daß wir
3 denken, sie hätten noch lange leben können. Den Corellius indeß hat

---

11. [1]) Vgl. die Anm. 8 zu I, 5.
12. [1]) Näheres berichtet über ihn Plinius selbst VII, 16. Gerichtet sind an ihn noch die Briefe VI. 1, VI. 22, IX. 5. Der vorliegende Brief ist, wie aus §. 8 und IV. 22. 4, wo er als noch lebend erwähnt wird, hervorgeht, im Jahre 97 oder 98 geschrieben.

das höchste Gebot der Vernunft, welches für die Weisen mit der Nothwendigkeit gleichbedeutend ist, zu diesem Entschlusse getrieben, obgleich ihn viele Gründe an das Leben banden: ein gutes Gewissen, der beste Ruf, ein großes persönliches Ansehn, ferner die Tochter, die Frau, der Enkel, die Schwestern und neben so vielen Banden des Bluts wahre Freunde. Aber er hatte mit einer so langwierigen und schmerzlichen 4 Krankheit zu kämpfen, daß alle diese großen Reize des Lebens vor den Gründen, die ihn zu sterben bestimmten, zurücktraten. In seinem dreiunddreißigsten Jahre, wie er mir selbst erzählte, wurde er von der Fußgicht befallen. Es war ein Erbleiden vom Vater her; denn, wie manches Andere, pflanzen sich auch Krankheiten durch einige Generationen fort. So lange er in frischer Lebenskraft stand, überwand er 5 das Uebel durch sein enthaltsames und reines Leben und blieb Herr darüber; neuerdings aber nahm es mit dem Alter wieder zu und er hielt sich, freilich unter unglaublichen Schmerzen und unerhörten Qualen, nur durch die Kraft seines Geistes aufrecht. Denn der 6 Schmerz haftete bereits nicht mehr, wie zuvor, in den Füßen, sondern verbreitete sich über alle Glieder. So traf ich ihn zur Zeit Domitians in seinem Landhause daniederliegend. Die Diener zogen sich aus dem 7 Zimmer zurück; denn so pflegte er es zu halten, wenn ein vertrauterer Freund ihn besuchte; selbst die Frau, obgleich in alle Geheimnisse eingeweiht, ließ uns allein. Er warf die Augen umher und sprach: 8 „warum, meinst Du, trage ich meine unsäglichen Martern so lange? nur um den Räuber[2]) auch nur einen Tag zu überleben." Hätte man diesem Geiste einen gleichstarken Körper gegeben, er hätte selbst gethan, was er ersehnte[3]). Aber ein Gott erhörte seinen Wunsch, und nun er diesen erreicht, zerriß er, wie ein Mann, der endlich ruhig und frei sterben konnte, die zahlreichen, aber nicht mehr überwiegenden Bande des Lebens. Das Leiden hatte zugenommen; hatte er es 9 früher durch Enthaltsamkeit zu lindern gesucht, so entfloh er ihm jetzt festen Muthes, da es nicht weichen wollte. Zwei, drei, vier Tage vergingen, ohne daß er Nahrung zu sich genommen hätte. Da schickte seine Gemahlin Hispulla unsern beiderseitigen Freund C. Geminius

---

[2]) Er meint Domitian.
[3]) Nämlich den Domitian getödtet.

mit der Trauerbotschaft zu mir, er habe beschlossen zu sterben und könne weder durch ihre noch der Tochter Bitten erweicht werden; ich sei der einzige, durch den er noch für das Leben wiedergewonnen werden 10 könne. Ich eilte zu ihm. Schon war ich in die Nähe des Hauses gekommen, als mir Hispulla wieder durch Julius Atticus melden ließ, auch ich werde jetzt nichts mehr ausrichten: so starr und immer starrer beharre er bei seinem Entschlusse. Wirklich hatte er zu dem Arzte, der ihm eine Stärkung bot, gesagt: I have chosen [4]) — ein Wort, das in meinem Herzen das Gefühl der Bewunderung nicht minder als das der Sehnsucht weckte [5]). Es steht vor meiner Seele, was für ein 11 Freund, was für ein Mann in ihm mir genommen ist. Wohl weiß ich, er hat das achtundsechzigste Jahr erreicht, ein Alter, das selbst für den kräftigsten Mann ein hohes ist. Ich weiß auch, er ist einem ewigen Siechthum entgangen. Er ist dahin geschieden, während die Seinigen ihm die Augen zudrücken konnten, während der Staat, der ihm theurer als alle seine Angehörigen war, wieder emporblühte — 12 auch das weiß ich. Und doch betrauere ich seinen Tod, als wäre er in der Fülle der Jugend und im kräftigsten Alter dahingegangen; aber ich betraure ihn, auch wenn Du mich schwach nennen solltest, um meiner selbst willen. Denn ich verlor in ihm einen Zeugen, einen Leiter, einen Lehrer meines Lebens. Ja, laß mich wiederholen, was ich im ersten Schmerz gegen meinen Freund Calvisius äußerte: „ich 13 fürchte, ich werde künftighin minder bewußt leben." Darum stütze mich mit Deinem Troste, aber sage mir nicht: „er war alt und schwach" (denn das weiß ich), sondern sage mir etwas Neues, etwas Erhebendes, was ich nie gehört, nie gelesen habe; denn was ich bisher gelesen und gehört, das fällt mir auch so ein, aber mein Schmerz ist zu groß, um dadurch beschwichtigt zu werden. Lebe wohl!

13.
C. Plinius an Sosius Senecio.

Das war eine reiche Ausbeute an Dichtern, welche dieses Jahr gebracht hat! Im ganzen Monat April verging fast kein Tag, ohne

---

[4]) D. h. es steht fest, ich habe den letzten Entschluß gefaßt.
[5]) Vgl. die Anm. 4 zu I, 22,

daß Jemand eine Vorlesung[1]) gehalten hätte. Es freut mich, daß sich auf diesem Felde ein frisches Leben regt, daß die Talente sich hervorwagen und an das Licht treten, wenn gleich das Publikum eine gewisse Indolenz dagegen zeigt. Da sitzen die Meisten an den[2] Stationen[2]) und verplaudern die Zeit des Vortrages mit Neuigkeiten; dabei lassen sie sich ab und zu berichten, ob der Vorlesende schon erschienen, ob er die einleitenden Worte gesprochen, oder schon mit einem hübschen Stücke Manuscript fertig sei; dann erst, und selbst dann noch langsam und bedächtig, treten sie heran, halten aber nicht aus, sondern ziehen sich vor dem Ende wieder zurück, Einige heimlich und verstohlen, Andere offen und frei. Traurig genug. Soll doch zur[3] Zeit unserer Väter Claudius Cäsar, als er eben in seinem Palaste sich erging und ein lautes Beifallsrufen hörte, nach der Ursache gefragt und, als er erfahren, daß Nonianus[3]) eine Vorlesung halte, den Vor-

---

13. [1]) Um den Beginn der Kaiserzeit wurde es in Rom allgemein üblich, daß die Autoren ihre Werke öffentlich oder in geschlossenen Kreisen vorlasen. Anfangs geschah dieses im Hause des Verfassers vor dem Kreise seiner Freunde, oder doch in Privatgebäuden, in geliehenen oder gemietheten Lokalen, allmählich aber öffentlich, vor allem Volk, im Theater oder auf dem Forum, in Tempeln und Hallen, in Gärten und in Bädern. Da diese Vorlesungen ohne Zahlung gehalten wurden, so war der Zudrang anfangs groß und allgemein. Der Zweck war ursprünglich kein anderer als der, aus der Kritik der Zuhörer für die letzte Durchfeilung der Arbeit Nutzen zu ziehen; bald aber trieben Eitelkeit und Ehrgeiz zur Nachahmung der Sitte an. Schon zu Plinius' Zeit wirkten bei der Mehrzahl der Schriftsteller beide Motive vereint; obwohl die Vorlesungen mancherlei Kosten verursachten, entzog sich doch nur selten ein Schriftsteller dieser Sitte. Die eigentliche Saison bildeten die Sommermonate, zumal April, Juli und August. Dann glichen die Vorlesungen nicht selten förmlichen Volksversammlungen, und je beliebter der Autor, desto größer war der Zuspruch. Ort und Zeit wurden stets zuvor durch besondere Einladungsschreiben, durch Programme, öffentliche Anschläge und Zeitungsannoncen bekannt gemacht (vgl. III. 18). Die Spuren der Entartung sind schon bei Plinius zahlreich.

[2]) Mit diesem Namen bezeichnen die Römer solche öffentliche Orte, an denen man zur Unterhaltung und selbst zu Geschäften zusammenkam. Es geschah dieses an freien Plätzen, in Tempeln, Bibliotheken, Buchläden, und von Seiten der niederen Volksklasse in Barbierstuben und Arzneibuden.

[3]) R. Servilius Nonianus, Consul im Jahre 35 (Tacitus' Annalen VI. 31), war schon zu Tiberius' Zeiten ein hochangesehener Mann und galt für einen sittlich reinen Charakter (Tacit. Ann. XIV. 19). Berühmter Sachwalter, entsagte er in höherem Alter dem Forum und schrieb eine Geschichte Roms, welche Quinctilian

4 lefenben, der ſich deſſen nicht vermuthete, überraſcht haben. Jetzt läßt ſich jeder beliebige Tagedieb lange vorher einladen und wiederholt erinnern, um am Ende entweder gar nicht zu erſcheinen, oder, wenn er erſcheint, zu klagen, er ſei um den Tag gekommen, eben weil er zufällig 5 nicht darum gekommen iſt. Aber deſto mehr Lob und Anerkennung verdienen die, welche ſich in ihrem Intereſſe, zeige es ſich nun im eigenen Schaffen oder im Hören, durch dieſe Trägheit oder Blaſirtheit des Publikums nicht irren laſſen. Ich habe wohl bei keinem gefehlt. Allerdings waren es meiſtentheils Freunde; denn es gibt nicht leicht einen Freund der Wiſſenſchaft, der nicht auch zugleich der meinige 6 wäre. Eben darum bin ich länger, als ich beabſichtigte, in der Stadt geblieben. Nun kann ich mich in meine Abgeſchiedenheit wieder zurückziehen und etwas ſchreiben, was nicht vorgeleſen werden ſoll; es möchte ſonſt den Anſchein gewinnen, als habe ich die, deren Vorträgen ich beiwohnte, nicht eigentlich hören, ſondern vielmehr zu Gegendienſten verpflichten wollen. Denn wie im Leben überhaupt, ſo verliert auch die Aufmerkſamkeit, welche der Zuhörer durch ſeine Anweſenheit erweiſt, allen Werth, wenn ſie auf Erwiderung rechnet. Lebe wohl!

14.
C. Plinius an Junius Mauricus[1]).

Du erſuchſt mich, mich nach einem Manne für Deines Bruders[1]) Tochter umzuſehen, und Du thuſt recht daran, gerade mich mit dieſem Auftrage zu betrauen. Du weißt ja, wie ſehr ich den großen Mann geehrt und geliebt habe, wie er mich, den unerfahrenen Jüngling, durch ſeine Ermahnungen groß gezogen, wie er durch ſein Lob es dahin ge2bracht hat, daß ich des Lobes würdig erſchien. Du hätteſt mir keinen wichtigeren und willkommeneren Auftrag geben, ich keinen ehrenvolleren erhalten können, als den Mann auszuwählen, deſſen Kinder die Ehre 3 verdienen ſollen, Arulenus Ruſticus' Enkel zu ſein. Nun hätte ich

(X. 1. 102) wegen ihres Gedankenreichthums und ihrer edlen Haltung lobt, obgleich er eine gewiſſe Breite an ihr tadelt. Bruchſtücke aus dieſer mag er vorgeleſen haben und dadurch Kaiſer Claudius bei ſeiner Vorliebe für Geſchichte angezogen worden ſein. Ronianus ſtarb im Jahre 60.
14. ¹) Vgl. die Anm. 3. 4 u. 11 zu I, 5.

freilich lange nach einem solchen suchen können, wenn ich nicht den Minicius Acilianus, der, ich möchte sagen, dazu bestimmt ist, an der Hand hätte. Er hängt an mir mit der vertraulichen Achtung des Mannes gegen den Mann (denn er ist nur um ein paar Jährchen jünger) und verehrt mich, als wäre ich ihm gegenüber ein Greis. Denn er möchte von mir gezogen und gebildet werden, wie ich es einst von Euch ward. Er stammt aus Brixia [2]), also hier aus unserm 4 Italien [3]), das sich noch ein gutes Theil Sittsamkeit, Biedersinn, ja ländlicher Schlichtheit erhalten und bewahrt hat [4]). Sein Vater 5 Minicius Macrinus ist der Erste des Ritterstandes, weil er höher nicht hinaus wollte [5]); denn obwohl vom göttlichen Vespasian zum Range

---

[2]) Das jetzige Brescia.

[3]) D. h. aus dem von Rom aus jenseits des Po belegenen Theile, wo auch Plinius' Geburtsstadt Comum lag.

[4]) Gegen den trüglichen Schimmer in Rom, wo die Sitte selbst von den mittlern Volksklassen einen gewissen Glanz in der äußern Erscheinung forderte, der nicht selten ihre Kräfte überstieg, so daß eine glänzende Armuth, Sittenver- derbniß und Zügellosigkeit sehr verbreitet war, stach die Einfachheit, Anspruchs- losigkeit und Sittenstrenge in den Municipien und Provinzen, namentlich in den Städten des obern Italiens, vortheilhaft ab.

[5]) Bei dem Aussterben oder Verarmen der alten senatorischen Familien wur- den die eingerissenen Lücken meist aus der Ritterschaft Roms, der Municipien, Kolonien und Provinzen ausgefüllt. In der Regel führten Reichthum (der Sena- torenrang setzte ein Vermögen von wenigstens einer Million Sesterzien oder 70,000 Thalern voraus), Gunst und Verdienst zu dieser Erhebung. Doch legte sowohl die Convenienz, als auch das Gesetz diesem Stande drückende und zum Theil sogar unerträgliche Lasten auf, so daß selbst ungeheure Mittel oft rasch erschöpft wurden. Dagegen hatten die Senatoren den Vorzug, daß ihnen besoldete, zum Theil sehr einträgliche Stellen im Heer, in der Verwaltung und in den Provinzen offen standen. Dennoch mußten nicht selten heruntergekommene Senatoren von den Kaisern, die selbst zum Senatorenstande gehörten, unterstützt oder aus ihrem Stande entlassen werden. Wünschenswerth blieb also der Eintritt in den Senatorenstand nur für die Ehrgeizigen, weil man nur durch diesen die aus der Republik herüber- genommenen höhern Aemter zu erreichen hoffen durfte. Wer zur Senatorenwürde erhoben wurde, hörte damit auf, Bürger einer andern Stadt als Roms zu sein. Minicius Macrinus mochte also allen Grund haben, lieber einer der Ersten in Brescia, als einer der Letzten in Rom sein zu wollen. Freilich hatte der Ritter- stand bereits seine charakteristische Bedeutung verloren; allein die durch Geburt und senatorisches Vermögen ausgezeichneten Ritter erhielten oft von den Kaisern das äußere Abzeichen des Senatorenstandes, den breiten Purpurstreif, und bildeten

eines gewesenen Prätors erhoben [6]), zog er doch ein ehrenvolles Stillleben beharrlich, soll ich sagen unserm Ehrgeize oder unserer Würde [7]),
6 vor.   Seine Großmutter von mütterlicher Seite ist Serrana Procula
aus der Municipalstadt Patavium [8]).   Du kennst den Charakter dieser
Stadt, und doch gilt Serrana selbst bei den Patavinern für ein Muster
sittlicher Strenge.   Auch gab ihm ein gutes Geschick den Publius
Acilius zum Oheim, einen Mann von fast einziger Gediegenheit, Klug-
heit und Zuverlässigkeit.   Genug, Du wirst in der ganzen Familie
nichts finden, was Dir minder behagen könnte, als in Deiner eigenen.
7 Acilianus selbst aber verbindet das lebhafteste und rührigste Tempera-
ment mit der höchsten Anspruchslosigkeit.   Die Quästur, das Tribunat
und die Prätur hat er mit der größten Ehrenhaftigkeit durchlaufen
und Dir so die Nothwendigkeit, Dich deßhalb für ihn zu verwenden,
8 erspart.   Er hat ein feines Gesicht, viel Farbe und eine gesunde Röthe;
seine ganze Gestalt zeigt eine edle Schönheit und eine senatorische
Haltung.   Auch dieses, meine ich, darf man nicht ganz übersehen;
denn es soll gewissermaßen als Preis für eines Mädchens Tugend ge-
9 geben werden.   Ich weiß nicht, ob ich hinzufügen darf, daß sein Vater
ein bedeutendes Vermögen besitzt.   Denn wenn ich Euch bedenke, für
die wir einen Schwiegersohn suchen, so glaube ich vom Vermögen
nicht sprechen zu dürfen; sehe ich aber auf den Zeitgeist und die
Staatsgesetze, welche das Vermögen der Bürger vorzugsweise berück-

---

so als senatorische Ritter eine auch äußerlich von den übrigen Rittern abgesonderte
Klasse.   Diese zogen vielfach die Freiheit und Muße der Amtlosigkeit, das glänzende Einkommen eines geschäftlichen, den Senatoren nicht gestatteten Erwerbes dem
leeren Pompe und der drückenden Bürde der senatorischen Ämter vor.

[6]) Während des Kaiserthums ging die alte republikanische Bedeutung der
Ämter mehr und mehr verloren; sie wurden zu bloßen Rangstufen, und es war
eine nothwendige Folge dieser Umwandlung, daß die Kaiser die Erhöhung, welche
mit dem Amte verbunden war, ohne das Amt selbst verleihen konnten.   So ließen
sie durch den Senat die bloßen äußern Abzeichen der Ämter verleihen, und zwar
auch an Solche, die nicht nur nicht Senatoren, sondern nicht einmal zum Eintritt
in den Senat berechtigt waren, an Ritter, an Freigelassene, an Ausländer sogar,
wie denn z. B. der jüdische König Agrippa die consularischen, dessen Bruder Herodes
die prätorischen Insignien von Kaiser Claudius erhielten.

[7]) Plinius und Mauricus waren Senatoren.

[8]) Jetzt Padua.

fichtigen zu müssen glauben [9]), so meine ich selbst diesen Punkt nicht übergehen zu dürfen. Und in der That, wenn man an Nachkommenschaft, und zwar an zahlreiche Nachkommenschaft denkt, so muß man bei der Wahl einer passenden Verbindung wol auch dieses mit in Anschlag bringen. Du glaubst nun vielleicht, es habe die Freundesliebe meine Mittheilungen gefärbt und dieselben in zu rosigem Lichte gemalt. Allein ich setze mein Wort dafür ein, Du wirst Alles viel glänzender finden, als ich es geschildert habe. Es ist wahr, ich liebe den Mann mit all der Herzlichkeit, die er verdient; aber eben diese Liebe verlangt auch von mir, daß ich sein Lob nicht übertreibe. Lebe wohl!

15.
C. Plinius an Septicius Clarus [1]).

Warte! Du nimmst meine Einladung an und — kommst nicht. Nach Urthel und Recht sollst Du mir auf Heller und Pfennig den Aufwand ersetzen, und der war nicht gering. Da hatte ich auf den Mann einen Kopf Salat, drei Schnecken [2]), zwei Eier, Griesbrei mit Meth [3]) und Schnee (denn auch den, ja den vor allen andern, wirst Du mit in Rechnung bringen, weil er auf der Schüssel zergeht), Oliven, Mangold, Kürbisse, Morcheln und tausenderlei andere ebenso gute Sachen. Du hättest ein Lustspiel oder einen Vorleser oder einen Lautenschläger oder gar (Du kennst ja meine Freigebigkeit) alle zusammen gehört [4]). Und da ziehst Du, Gott weiß bei wem, Austern,

---

[9]) Insofern von dem Vermögen (Census) die Anwartschaft auf den senatorischen oder ritterlichen Stand abhing.

15. [1]) Vgl. die Anm. 1 zu 1. 1.

[2]) Eßbare Schnecken wurden eifrig gezogen und gemästet.

[3]) Aus Most oder Wein und Honig bereitet.

[4]) Es war bei Gastmählern Sitte, den Gästen eine möglichst reiche Auswahl von Unterhaltungen und Ergötzlichkeiten zu bieten, die natürlich nach dem Geschmack, den Neigungen und dem Bildungsgrade des Gastgebers sehr verschieden waren. Bei ausgelassenen Festen tanzten üppige Andalusierinnen (Gabitanerinnen) ihre verrufenen Tänze nach dem Takte der Castagnetten und Flöten, beim Schall unzüchtiger Gesänge, trieben Possenreißer und Narren ihre Unflätereien (vgl. IX. 17. 1), führten Mimen Scenen auf, die nicht einmal für Sklaven ehrbarer Herren

Schweinsgekröse, Seeigel und Gabitanerinnen vor. Du sollst mir
büßen, ich sage noch nicht, wie! Ganz gefühllos hast Du gehandelt:
Du hast, ich weiß nicht ob Dir, jedenfalls aber mir, nein, auch Dir
selber im Wege gestanden. Wie hätten wir scherzen und lachen und
4 philosophiren wollen! Du magst bei Vielen üppiger speisen, aber
nirgends heiterer, ungezwungener, freier. Kurz, mach' einmal die
Probe, und wenn Du es dann nicht vorziehst, bei Andern abzusagen,
dann magst Du künftig bei mir immer thun. Lebe wohl!

16.
C. Plinius an Erucius. [1]

Ich liebte den Pompejus Saturninus, unsern Saturninus [2]
hier meine ich, und erkannte lobend sein Talent an, ehe ich noch wußte,
wie vielseitig, wie geschmeidig, wie mannigfaltig dasselbe ist; jetzt aber
2 hat er mich ganz eingenommen, hingerissen, bezaubert. Ich hörte ihn
vor Gericht reden, und zwar eindringlich und feurig, aber nicht minder
fein und gewählt, einerlei, ob er vorbereitet oder aus dem Stegreife
sprach. Ihm steht ein Schatz von geistreichen und unerschöpflichen
Gedanken, ein gedrungener und zierlicher Satzbau, eine Fülle von
treffenden und klassischen Wörtern zu Gebote. Alles dieses gefällt
ungemein, wenn es mit einem gewissen Sturm und Drang dahin-
braust, es gefällt aber auch, wenn man es still für sich wieder vor-
3 nimmt. Du wirst urtheilen wie ich, wenn Du seine Reden in die
Hand nimmst, und dieselben unbedenklich jedem der Alten, denen er
4 nacheifert, zur Seite stellen. Doch wird er Dich in der Geschichte mehr

anständig waren. Wo der Anstand mehr beobachtet wurde, traten Pantomimen
auf, wurden Scenen aus Lust- und Trauerspielen aufgeführt. Am allgemeinsten
waren Vorlesungen und musikalische Unterhaltungen aller Art, oft zur Beschwerde
der Gäste. Ohne Musik, Declamation und Vorlesungen wurden auch frugale und
bescheidene Mahlzeiten selten begangen (vgl. IX. 40. 2); nicht selten trug der
Hausherr selbstverfaßte Schriften oder Gedichte vor. Plinius schildert die Gesellschaft, zu der er Septicius eingeladen hatte, als eine sehr einfache im Gegensatze
zu der, welche Septicius besuchte.
16. [1] Näheres über Sextus Erucius giebt Plinius selbst II. 9.
[2] Vgl. Anm. 1. zu I. 8.

befriedigen, theils wegen der Kürze und Klarheit, theils wegen der Anmuth und des Glanzes, ja selbst der Erhabenheit seiner Darstellung. Denn in seinen historischen Reden hat er zwar dieselbe Kraft wie in den gerichtlichen, allein er ist in ihnen gedrängter, bestimmter und knapper. Auch macht er Verse, wie Catull und Calvus. Und wie 5 anmuthig, wie einschmeichelnd, wie bitter, wie liebeselig sind diese! Zwar mischt er, und zwar mit Absicht, unter die sanft und leicht dahin gleitenden auch einige etwas harte ein, auch darin ein zweiter Catull und Calvus [3]). Jüngst las er mir Briefe vor; sie sollten von seiner Ge- 6 mahlin sein [4]): ich glaubte aufgelöste Verse des Plautus oder Terenz zu hören. Mögen sie nun, wie er versichert, von seiner Frau, oder troß seines Läugnens von ihm selbst sein, so bleibt die rühmlichste Anerkennung gleich bei einem Manne, der sie entweder selbst geschrieben oder eine Frau, die er als junges Mädchen heirathete, zu solcher Bildung und zu solchem Geschmack herangezogen hat. Ich habe ihn deß- 7 halb den ganzen Tag zur Seite: ihn lese ich, bevor ich schreibe, ihn, wenn ich geschrieben habe, ich lese ihn sogar, wenn ich mich erholen will, und doch finde ich ihn immer neu. Ein Gleiches zu thun, bitte ich Dich und rathe es Dir. Denn es darf doch seinen Werken nicht 8 als eine Schwäche angerechnet werden, daß er noch lebt. Wäre seine Blüthe in eine Zeit gefallen, die wir nicht erlebten, wie würden wir nicht nur nach seinen Schriften, sondern selbst nach seinem Bilde verlangen! und nun er unter uns lebt, sollte er, wie zu alltäglich geworden, mindere Anerkennung und Ehre finden? Nein, es würde ver- 9 kehrt und lieblos sein, einen Mann, der unsere höchste Bewunderung verdient, nicht zu bewundern, blos weil wir das Glück haben, ihn sehen, sprechen, hören, umarmen und nicht nur loben, sondern selbst lieben zu können. Lebe wohl!

---

[3]) Die Härte, welche hier dem Catull vorgeworfen wird, bezieht sich darauf, daß derselbe seine Hendekasyllaben oft mit einem Trochäus oder Jambus beginnt, während die Zeitgenossen des Plinius diesen Vers regelmäßig mit einem Spondeus begannen. Ueber Calvus vgl. die Anm. 2. zu I. 2.

[4]) Schriftstellerische Frauen, welche sich mit ihren Versuchen nicht an die Oeffentlichkeit wagten, pflegten dieselben durch Freunde oder Verwandte vorzulegen.

17.

C. Plinius an Cornelius Titianus.

Noch ist also Freundesliebe und Treue nicht aus den Herzen der Menschen geschwunden; noch giebt es Männer, die ihre Liebe bis über den Tod hinaus bewahren. Titinius Capito[1]) hat sich bei dem Kaiser die Erlaubniß erwirkt, dem L. Silanus[2]) auf dem Forum eine Bild-
2 säule zu setzen. Es ist doch schön und der höchsten Anerkennung werth, so die Freundschaft des Fürsten[3]) zu benutzen und die Größe des
3 persönlichen Einflusses zur Ehre Anderer zu erproben. Ueberhaupt ist die Verehrung berühmter Männer ein Charakterzug bei Capito. Es ist unglaublich, wie hoch und heilig er die Bilder des Brutus, Cassius, Cato in seinem Hause, wo er sie haben darf[4]), hält. Außerdem feiert er das Leben der berühmtesten Männer in herrlichen Ge-
4 dichten. Gewiß, wer die Vorzüge Anderer in solcher Weise ehrt, der muß selbst überreich an ihnen sein. So ist denn dem L. Silanus die verdiente Ehre erwiesen, und Capito hat für seine Unsterblichkeit nicht minder gesorgt als für die eigene. Denn es ist ein ebenso großer Ruhm, eine ebenso große Auszeichnung, ein Standbild auf dem Forum des römischen Volkes zu setzen, als ein solches zu besitzen. Lebe wohl!

17. [1]) Titinius Capito war kaiserlicher Geheimsekretär unter Nerva und Trajan. Ein patriotischer Charakter, feierte er, wie es scheint in Gedichten, den Tod der bedeutendsten von Domitian gemordeten Römer. Plinius nennt ihn einen der Zierden seines Jahrhunderts (VII'. 12).

[2]) L. Silanus, ein Nachkomme des Kaisers Augustus, wurde unter Nero in's Exil nach Bari verwiesen, wo er von einem dazu beauftragten Centurio ermordet wurde. Eine Anschuldigung lag nicht vor; es war nur die ausgezeichnete Stellung, die er als Sohn einer ehrenreichen Familie und als ein in der Blüthe der Jahre tabelloser Mann einnahm. (Tacitus' Annalen XV. 52, XVI. 7 u. 9).

[3]) Den Namen „Freunde" der Kaiser führten damals diplomatisch alle diejenigen Männer, welche von den Kaisern regelmäßig zu ihren Berathungen und gesellschaftlichen Kreisen gezogen wurden. Auf Reisen und Feldzügen bildeten sie vorzugsweise das Gefolge derselben.

[4]) Die Bilder des Brutus, Cassius und Cato waren nicht durchaus verboten, aber sie durften nicht öffentlich ausgestellt werden (vgl. Tacitus' Annalen III. 76, IV. 35, XVI. 7).

18.

C. Plinius an Suetonius Tranquillus [1]).

Du schreibst mir, ein Traum habe Dich dergestalt erschreckt, daß Du einen üblen Ausgang für Dein gerichtliches Plädoyer fürchtest, und bittest mich, einen Aufschub nachzusuchen und Dich für einige, wenigstens für einen Tag zu entschuldigen. Die Sache hat ihre Schwierigkeiten; aber ich will es versuchen.

Die Träum' auch sendet Kronion.

Doch fragt es sich dabei, ob Deine Träume in der Regel in Erfüllung 2 gehen, oder ob sie das Gegentheil bedeuten. Wenn ich an einen Traum von mir denke, so scheint mir das, was Dich ängstlich stimmt, ein herrliches Plädoyer zu bedeuten. Ich hatte nämlich gerade die Sache des 3 Julius Pastor übernommen; da träumte mir, meine Schwiegermutter bitte mich auf den Knien, die Sache nicht zu führen. Und ich war noch sehr jung, als ich damals auftreten sollte, auftreten vor allen vier Senaten [3]), auftreten gegen die Mächtigsten der Stadt und selbst gegen die Freunde [4]) des Kaisers — lauter Umstände, von denen jeder einzelne mir nach einem so unglücklichen Traume hätte die Fassung rauben können. Allein ich trat auf, eingedenk des Spruches: 4

Ein Wahrzeichen nur gilt, das Vaterland zu erretten [5]).

Denn gleich dem Vaterlande und wenn es noch Heiligeres giebt, galt mir das einmal gegebene Wort. Und alles verlief glücklich, ja gerade diese Verhandlung eröffnete mir das Ohr der Menschen, gerade diese die Pforten des Ruhmes. Darum überlege Dir noch einmal, ob Du 5 nicht auch nach diesem Beispiele Deinen Traum zum Guten deuten kannst, oder, wenn Du die bekannte Regel aller Unschlüssigen:

---

18. [1]) Der bekannte Kaiserbiograph, der damals kaum das zwanzigste Jahr erreicht hatte.
[2]) Homers Ilias I. 63.
[3]) Vgl. die Anm. 6 zu I. 5.
[4]) Vgl. die Anm. 3 zu I. 17.
[5]) Homers Ilias XII. 243.

„unterlaß, wobei Du Bedenken haft," ſicherer findeſt, ſo ſchreibe mir
6 ſelbſt dieſes. Ich will dann ſchon einen Coup ausfindig machen und
Dich ſo vertreten, daß Du auftreten kannſt, wann es Dir beliebt.
Denn Deine Lage iſt allerdings eine andere, als die meinige damals
war, weil das Centumviralgericht unbedingt keinen, das Gericht aber,
vor dem Du auftrittſt, zwar ſchwer, allein am Ende doch einen
Aufſchub geſtattet. Lebe wohl!

19.
C. Plinius an Romatius Firmus.

Du biſt mein Landsmann, mein Mitſchüler und ſeit meinem
Eintritte in's bürgerliche Leben mein täglicher Umgang geweſen; Dein
Vater lebte mit meiner Mutter, meinem Oheim und auch, ſo weit es
die Verſchiedenheit des Alters zuließ, mit mir in herzlichem Verkehr.
Darin liegt für mich eine gewichtigte und ernſte Aufforderung, mich
Deiner Standesverhältniſſe anzunehmen und dieſelben zu heben[1].
2 Daß Du 100,000 Seſterzien beſitzeſt, geht hinlänglich daraus hervor, daß Du bei uns Decurio biſt. Um mir alſo die Freude zu
machen, Dich nicht nur als Decurio, ſondern auch als römiſchen Ritter
zu ſehen, biete ich Dir zur Ergänzung des ritterlichen Vermögens
3 300,000 Seſterzien an. Für Deine Dankbarkeit bürgt mir die lange
Dauer unſrer Freundſchaft. Ich deute nicht einmal an, was ich andeuten müßte, wenn ich nicht überzeugt wäre, Du werdeſt es von ſelbſt
thun, nämlich Du mögeſt Dich in die von mir verliehene Würde,
eben weil ſie von mir verliehen, mit weiſer Mäßigung zu finden
4 wiſſen. Denn eine Würde, bei der man auch die Wohlthat eines
Freundes in Ehren zu halten hat, will mit verdoppelter Sorgfalt gewahrt ſein. Lebe wohl!

---

19. [1] Romatius Firmus gehörte damals weder dem Senatoren- noch dem Ritterſtande an; er war Decurio (vgl. Anm. 5 zu I. 8) in ſeiner Municipalſtadt
Como, wozu ein Vermögen von wenigſtens 100,000 Seſterzien oder gegen
7000 Thalern erforderlich war. Zum Ritterſtande aber waren 400,000 Seſterzien
oder 28,000 Thaler nöthig.

20.
C. Plinius an Cornelius Tacitus.

Ich gerathe oft mit einem wissenschaftlich gebildeten und praktisch erfahrenen Manne, dem Kürze als erste Anforderung an eine gerichtliche Rede gilt, in gelehrten Streit. Ich gestehe zu, daß man auf dieselbe halten müsse, falls die Sache selbst es erlaubt. Ist dieses aber nicht der Fall, so ist es ein pflichtvergessenes Verfahren, das, was gesagt werden muß, zu übergehen, pflichtvergessen sogar, das, was nicht genug hervorgehoben, eingeprägt und wiederholt werden kann, nur so nebenhin und kurz zu berühren. Denn meistens gewinnt die Sache durch weitere Ausführung an Kraft und Gewicht, und wie ein Schwert in den Körper, so bringt auch die Rede in das Herz nicht sowohl durch einen einzigen Stoß, als vielmehr durch nachhaltigen Druck. Nun hält mir jener Autoritäten entgegen und weist unter den Griechen auf die Reden des Lysias [1]), unter den Unsrigen auf die der Gracchen und des Cato hin, welche allerdings größtentheils gedrängt und kurz sind. Ich stelle gegen Lysias Demosthenes, Aeschines, Hyperides und mehrere Andere, gegen die Gracchen und Cato Pollio [2]), Cäsar, Cälius und vor allen anderen Marcus Tullius auf, bei dem gerade die längste Rede zugleich für die beste [3]) gilt. Und es ist doch wahrlich, wie bei allem Guten, so bei guten Büchern das Größte auch das Beste. Wodurch empfehlen sich denn Statuen, Bilder, Gemälde, kurz Gestalten von Menschen und Thieren, ja von Bäumen sogar, wenn sie nur schön gewachsen sind, mehr als eben durch die Größe? Ganz dasselbe ist hinsichtlich der Reden der Fall, ja, selbst ihr äußerer Einband gewinnt durch die Größe an Ansehen und Schönheit. Aber Diesem und vielem

---

20. [1]) Geboren 459, gestorben 379 zu Athen. Vgl. über ihn Cicero's Brutus 16. 63 u. 64, 82. 285, über die Gracchen 27. 103 u. 104, 33. 126, über Cato 17. 65, über Demosthenes Zeitgenossen Aeschines und Hyperides 82. 285, 84. 290.

[2]) C. Asinius Pollio, der Freund und Gönner Vergils, geb. 76 v. Chr., gest. 4 n. Chr. Vgl. über ihn Quinctilian (Lehrbuch der Beredsamkeit I. 8. 11, X. 1. 113 u. 2. 25). Ueber C. Julius Cäsar vgl. Cicero's Brutus 61. 220, 71. 249—261, über M. Cälius Rufus (geb. 82, gest. 48) 79. 273.

[3]) Vielleicht die Verrinen?

Andern, was ich zu Gunsten meiner Ansicht anzuführen pflege, weicht er bei seiner Aalglätte und Unfaßbarkeit im Disputiren dadurch aus, daß er behauptet, dieselben Männer, deren Reden ich für mich anführe, hätten sich bei ihren Plädoyers viel kürzer gefaßt und dieselben erst

7 für die Herausgabe erweitert. Ich denke umgekehrt, und es sprechen für mich außer vielen anderen Reden schon die des Cicero für Murena und Varenus, in denen eine kurze und nackte, ich möchte sagen Notirung [4]) gewisser Anklagepunkte durch bloße Namenaufzählung derselben angedeutet wird. Es ergiebt sich daraus, daß er gar Manches bei der mündlichen Verhandlung gesprochen haben muß, was er bei der

8 Herausgabe wegließ. Ferner sagt er in der Rede für Cluentius, daß er nach altem Brauche die ganze Sache allein geführt [5]), und in der für Cornelius, daß er vier Tage nach einander geredet, so daß kein Zweifel bleibt, er habe das, was er im Laufe mehrerer Tage in größerer Ausführlichkeit, so wie die Sache es verlangte, gesprochen, später beschnitten und verbessert, in eine zwar lange, aber immer doch in e i n e

9 Rede zusammengedrängt. Aber, wendet man ein, etwas Anderes ist eine gute vor den Schranken des Gerichtes gehaltene, etwas Anderes eine für Leser bestimmte Rede. Ich weiß, daß Manche dieser Ansicht sind; allein ich (möglich, daß ich irre) lebe der Ueberzeugung, daß zwar eine Rede vor Gericht gut sein kann, ohne es deßhalb auf dem Papiere zu sein, allein daß eine gute, schriftlich ausgearbeitete Rede, auch vor Gericht gehalten, gut sein müsse. Denn die niedergeschriebene Rede ist das Muster und gewissermaßen das Prototyp [6]) der münd-

10 lichen. Darum finden sich auch in jeder guten Rede tausend Wendungen, wie sie nur der Moment einzugeben pflegt, selbst in denen, die doch, wie wir wissen, nie wirklich gehalten sind, z. B. in der Rede gegen Verres [7]): „wie hieß nur der Künstler? wie hieß er nur? Ja,

---

[4]) Ich halte die Worte des Plinius für eine Anspielung auf das Strafrecht der Censoren. Diese, welche sich bei der Ausübung desselben einzig und allein von ihrer moralischen Ueberzeugung leiten zu lassen hatten, trugen einfach den Grund der über einen Bürger verhängten Ahndung in den Listen kurz ein (subscriptio censoria), einer Untersuchung und Beweisführung bedurfte es dabei nicht.

[5]) c. 70 §. 199.

[6]) D. h. das Urbild.

[7]) IV. 3. 5.

richtig: es sollte Polyllet gewesen sein⁸).“ Daraus folgt also, daß eine gerichtliche Rede um so vollkommener ist, je mehr sie sich der geschriebenen Rede nähert, vorausgesetzt, daß man ihr die gehörige und gebührende Zeit einräumt; beschneidet man ihr dieselbe, so trifft den Redner keine, den Richter eine große Schuld. Diese meine Ansicht 11 wird noch gestützt durch die gesetzlichen Bestimmungen, welche sehr lange Zeit gestatten⁹) und den Rednern nicht Kürze, sondern Ausführlichkeit, d. h. Gründlichkeit, empfehlen, welche durch Kürze höchstens bei sehr geringfügigen Sachen erreicht werden kann. Ich füge hinzu, was ich 12 durch Erfahrung, die beste Lehrmeisterin, gelernt habe. Gar oft bin ich Sachwalter, gar oft Richter, gar oft Beisitzer des Gerichts¹⁰) gewesen und habe immer gefunden, daß auf den Einen Dieß, auf den Andern Jenes Eindruck macht und daß nicht selten von Geringfügigem der entscheidende Erfolg abhängt. Verschieden sind die Urtheile der Menschen, verschieden ihre Neigungen: daher sind denn auch häufig die Ansichten Derer, welche eine und dieselbe Sache verhandeln hören,

---

⁸) Cicero wendet an dieser Stelle die Figur der Ungewißheit (Aporie) an und stellt sich, als ob dem sich Besinnenden einer der Zuhörer den Namen des Künstlers zuflüstere, eine Wendung, welche nur als eine extemporirte oder scheinbar extemporirte einen wirksamen Reiz haben konnte. — Polyllet aus Argos, ein jüngerer Zeitgenosse des Phidias, war nach diesem der gefeiertste bildende Künstler Griechenlands.

⁹) Die früher unbeschränkte Zeit zum Reden wurde vielleicht zuerst von Pompejus bei Gelegenheit des Milonischen Processes im Jahre 54 für den anklagenden Redner auf zwei, für den vertheidigenden auf drei Stunden begränzt. In der Kaiserzeit, wo Processe von allgemeinem Interesse immer seltener wurden, wurde anfangs die Breite der ciceronischen Rede aufgegeben: man ging gerade auf den Gegenstand los und suchte durch Lebhaftigkeit und Schönheit des Vortrags, durch stürmische Beweisführung und blitzende Gedanken den Richter und die Zuhörer anzuziehen und zu gewinnen. Allein die Gefallsucht der Redner gestaltete bald die Kunst zur Künstelei um: man prunkte mit fremden Federn, man suchte durch unaufhörliche Blitze zu blenden und haschte in sententiöser Ziererei nach Effecten. Dieser neuen, spielenden Richtung huldigte auch Plinius. Ob die einzelnen Reden über die gesetzliche Zeit dauern durften, bestimmte der Vorsitzende des Gerichtes (vgl. die Anm. 8 zu II. 11). Allein welche Zeitdauer damals die gesetzliche war, ist nicht zu ermitteln. Es gab Fälle (vgl. IV. 9. 9), in denen dem Kläger sechs, dem Vertheidiger neun Stunden gestattet wurden. Wahrscheinlich war die Größe des Streitobjectes maßgebend.

¹⁰) Vgl. die Anm. 8 zu I. 9.

3*

verschieben und treffen selbst dann, wenn sie übereinstimmen, meist
13 aus ganz verschiedenen Beweggründen zusammen. Außerdem ist
Jeder für das, was er selbst gefunden zu haben glaubt, eingenommen
und hält dann, wenn der Redner gerade das, was Jener bereits vorher bemerkte, zur Sprache bringt, Dieses als den entscheidenden Punkt
fest. Deßhalb muß man Jedem etwas geben, woran er sich halten
14 und was er sich zu eigen machen kann. Regulus sagte einmal zu mir,
als wir dieselbe Sache vertraten: „Du glaubst Alles, was mit der
Sache zusammenhängt, erschöpfen zu müssen; ich fasse gleich die Gurgel
in's Auge und packe diese." Und er packt wirklich, was er sich ein-
15 mal ausersehen, nur irrt er häufig in der Wahl selbst. Darum entgegnete ich, es könne doch vorkommen, daß da, wo er die Gurgel ver-
muthe, das Knie oder der Knöchel sitze; „ich dagegen," fuhr ich fort,
„der die Gurgel nicht gleich zu finden weiß, taste an Allem, versuche
16 Alles, kurz I ferret every whole [1]), und wie ich beim Ackerbau nicht
blos den Weinberg, sondern auch den Baumgarten, und nicht blos
diesen, sondern auch den Acker pflege und bearbeite, und wie ich eben
auf den Acker nicht allein Dinkel oder Weizen, sondern auch Gerste
säe, Bohnen und andere Früchte pflanze, so werfe ich auch bei meinen
gerichtlichen Reden allerlei Samen weit aus, um davon zu ernten,
17 was aufgehen will. Denn ebenso unbestimmbar, unsicher und trüge-
risch, wie Witterung und Erdreich, sind die Naturen der Richter."
Auch weiß ich ja, welches Lob dem großen Redner Perikles von dem
Komiker Eupolis gespendet wird:

Und zu der Stromesschnelle seiner Rede kam,
Daß Peitho [2]) gleichsam ihm auf den Lippen zu thronen schien.
So konnt' er bezaubern, so von den Rednern ließ allein
Er seinen Stachel in der Hörer Brust zurück.

18 Allein selbst ein Perikles würde weder jene Ueberzeugungskunst, noch
jenen Zauber durch die Kürze oder Schnelligkeit der Rede allein, oder
durch beide (Denn sie fallen nicht zusammen) erreicht haben ohne die
höchste Redekunst. Denn um gefällig und überzeugend zu sprechen,
bedarf es der Fülle der Rede und der gehörigen Zeit; aber den

---

[1]) D. h. ich lasse nichts unversucht.
[2]) Die Göttin der Ueberredung.

Stachel in der Brust der Hörer zurücklassen kann nur Der, welcher nicht leichthin ritzt, sondern tief eindringt. Ferner sagt von demselben 19 Perikles ein andrer Komiker[13]):

er blitzt' und donnert' und ganz Hellas durchrüttelt' er.

Blitzen und donnern und Alles überhaupt in Verwirrung und Gährung bringen kann ja nicht eine beschnittene und verstutzte, sondern nur eine volle, prächtige und erhabene Rede. Aber, wendet man ein, „Maß zu halten ist doch das Beste"[14]). Wer läugnet das? allein Maß 20 hält doch ebensowenig Der, welcher hinter seinem Gegenstande zurückbleibt, wie Der, welcher über denselben hinausgeht, ebensowenig Der, welcher zu kurz, als Der, welcher zu weitschweifig redet. Daher hört 21 man denn ebenso häufig über maßlose Breite bei dem Einen, wie über saft- und kraftlose Nüchternheit bei dem Andern klagen. Der Eine, sagt man, habe die Gränzen seines Stoffes überschritten, der Andere ihn nicht erschöpft. Die Fehler beider sind gleich groß; nur fehlt der Eine durch den Mangel, der Andere durch das Uebermaß an Kraft, und das Letztere ist doch der Fehler eines, wenn auch nicht ausgebildeteren, doch größeren Talentes. Jedoch will ich damit keineswegs 22 jenem at random-talker bei Homer[15]) das Wort reden, sondern mein Mann ist Der, dem die Worte

gleich wie im Winter die Flocken des Schnees, von den Lippen entglitten[16]),

nicht weil mir nicht auch Jener gar sehr behagte, der

wenig, jedoch voll Nachdrucks

sprach[17]); allein wenn man mir die Wahl freistellt, so erkläre ich mich für jene, winterlichem Schneegestöber vergleichbare, gedankenreiche, fließende und ausführliche, kurz göttliche und himmlische Rede. Aber,

---

13) Aristophanes in den Acharnern (V. 531).

14) Sprüchwörtlich gewordener Wahlspruch des Kleobulos von Lindos, eines der sieben Weisen.

15) Der maßlose Schwätzer Thersites (vgl. Ilias II. 212).

16) Odysseus (vgl. Ilias III. 222).

17) Menelaos (vgl. Ilias III. 214).

höre ich wieder einwerfen, eine kurze Rede ist Vielen willkommener.
23 Gewiß, aber auch nur trägen Naturen, deren verwöhnten Geschmack
und deren Indolenz als competentes Urtheil anzusehen lächerlich wäre.
Denn wollte man ihr Gutachten einholen, so dürfte es nicht etwa nur
24 gerathener sein, kurz, sondern vielmehr gar nicht zu reden. Das ist
noch zur Stunde meine Ansicht; doch werde ich dieselbe aufgeben, wenn
Du abweichender Meinung bist; nur bitte ich, in diesem Falle mir die
Gründe dieser Abweichung näher mitzutheilen. Denn wenn gleich ich
mich Deiner Autorität fügen muß, so scheint es mir bei einer Sache
von dieser Bedeutung doch mehr in der Ordnung, vor Gründen, als
25 vor Autoritäten die Segel zu streichen. Also, wenn ich Dir im Rechte
erscheine, so schreibe mir selbst das, so kurz Du willst, aber schreibe
jedenfalls (denn ich werde dadurch in meiner Ansicht bestärkt
werden): scheine ich Dir aber im Irrthum befangen, dann rüste
Dich zu einem sehr langen Briefe. Bist Du nun hinlänglich bestochen, da Du, wenn Du mir beitrittst, nur einen kurzen, wenn Du
aber von mir abweichst, einen sehr langen Brief schreiben mußt?
Lebe wohl!

21.
C. Plinius an Plinius Paternus[1].

Ich halte zwar viel von dem Scharfblicke Deines Geistes, aber
doch auch von dem Deiner Augen; nicht weil Du gerade sehr klug bist
(denn ich will Dich nicht eitel machen), sondern weil Du ebenso klug
2 bist, wie ich, und das will doch auch schon etwas bedeuten. Doch Scherz
bei Seite, ich glaube, daß die Sklaven, welche nach Deinem Gutachten
für mich gekauft wurden, ganz schmucke Bursche sind; nur fragt es
sich noch, ob sie sonst taugen, und darüber entscheidet bei dieser Waare
das Ohr besser, als das Auge. Lebe wohl!

---

21. [1] Der uns sonst unbekannte Plinius Paternus scheint in seines Verwandten
Auftrage Sklaven gekauft zu haben, jedoch bei der Auswahl derselben nur durch
deren äußeres Aussehen bestimmt zu sein, ohne über ihr früheres Verhalten, ihre
Brauchbarkeit u. s. w. nähere Erkundigungen eingezogen zu haben, was ihm von
Plinius leise zum Vorwurf gemacht wird.

C. Plinius an Catilius Severus[1].

Ich stecke schon lange in der Stadt, und zwar in einer Art von Betäubung. Außer Fassung bringt mich die lange und hartnäckige Krankheit des Titus Aristo[2]), den ich vor allen Andern bewundere und verehre. Denn es giebt nichts Charaktervolleres, Untrüflicheres und Gelehrteres als ihn, so daß mir der Mann nicht allein, sondern mit ihm die Wissenschaft und alle schönen Künste in Lebensgefahr zu schweben scheinen. Wie ist er bewandert im bürgerlichen und im Staats- 2 recht! wie hat er die Geschichte inne, welche Menge von Beispielen steht ihm zu Gebote, und wie beherrscht er die Alterthümer! Man kann nichts lernen wollen, was er nicht lehren könnte; mir wenigstens, so oft ich nach etwas Entlegenem suche, ist er eine wahre Fundgrube. Wie zuverlässig, wie imponirend ist seine Rede, wie gemessen und an- 3 ständig seine Zurückhaltung! Es gibt nichts, worauf er nicht sofort Auskunft ertheilen könnte. Und doch hält er meistens an sich und geht nicht sofort heraus ob der Verschiedenheit der Gründe, die er mit sicherem und umfassendem Urtheil bis auf ihren Ursprung und ihre äußersten Anfänge verfolgt, scheidet und abwägt. Und wie spärlich 4 ist sein Tisch, wie einfach sein ganzes Aeußere! Gar oft sehe ich mir sein Zimmer, sein Bett sogar als ein Bild urväterlicher Einfalt an. Ueber Allem waltet eine Seelengröße, die nicht nach dem äußeren 5 Scheine, sondern einzig nach dem inneren Werthe fragt und den Lohn jeder guten That nicht im Gerede des Volkes, sondern in der That selbst sucht. Kurz, man wird schwerlich irgend Jemand von Denen, die 6 durch ihr ganzes Aeußere ihre Liebe zur Weisheit andeuten, mit ihm vergleichen können. Zwar läuft er nicht in die Gymnasien und Hallen[3]), noch sucht er sich und Anderen durch lange wissenschaftliche

---

22. [1]) An ihn ist noch III. 12 gerichtet. Der Severus, an welchen III. 6, IV. 28, V. 1, IX. 22 gerichtet sind, und der Abreffat von VI. 27 sind sicherlich nicht dieselben.

[2]) Da sich noch Kaiser Trajan des Rathes dieses Juristen bediente, so muß er die Krankheit glücklich überstanden haben.

[3]) In den Gymnasien und unter den Säulenhallen pflegten die Philosophen

Vorträge die Langeweile zu vertreiben, sondern er lebt in der Toga und in ernsten Geschäften, leiht Vielen seinen Beistand und noch Mehreren
7 seinen Rath. Und doch dürfte er Keinem von diesen an Sittenrein-heit, edler Gesinnung, Gerechtigkeit und männlicher Festigkeit den Vor-rang einzuräumen haben. Du würdest von Bewunderung ergriffen werden, wenn Du es mit ansehen könntest, mit welcher Geduld er selbst seine gegenwärtige Krankheit erträgt, wie er dem Schmerze widersteht, wie er die augenblickliche Befriedigung des Durstes sich versagt, wie er die unglaubliche Fieberhitze unbeweglich und zugedeckt aushält.
8 Vor Kurzem ließ er mich und einige Andere, die ihm theuer sind, zu sich rufen und bat uns, die Aerzte um den Verlauf seiner Krankheit zu befragen; wäre sie unheilbar, so wolle er freiwillig vom Leben scheiden[4]), wäre sie jedoch nur hartnäckig und langwierig, so wolle er
9 Stand halten und ausharren: denn das sei er den Bitten seiner Gattin, das den Thränen seiner Tochter, er sei es uns, seinen Freunden, schul-dig, unsere Hoffnungen, falls sie nur einigen Grund hätten, nicht
10 durch freiwilligen Tod abzuschneiden. Das zeugt, meine ich, von außer-ordentlicher Selbstüberwindung und ist des höchsten Lobes werth. Denn in einer Art stürmischer Aufwallung und unbewußten Dranges den Tod zu suchen, vermögen gar Viele, aber ruhig zu überlegen und die Gründe zum Sterben zu erwägen, und, je nachdem die Vernunft be-stimmt, den Entschluß zum Leben und zum Sterben zu fassen oder auf-
11 zugeben, das vermag nur ein gewaltiger Geist. Nun stellen die Aerzte wenigstens günstige Aussichten, und es bleibt nur zu hoffen, daß ein Gott ihre Verheißungen gnädig erfülle und mich endlich erlöse von dieser bangen Pein. Bin ich von dieser befreit, dann suche ich mein

---

ihre Vorträge und Disputationen zu halten. Aristo lebte ganz der politischen und bürgerlichen Thätigkeit, d. h. in der Toga, welche damals schon nicht mehr das allgemeine Kleid des in der Oeffentlichkeit erscheinenden römischen Bürgers war, sondern fast nur noch als Staats- und Amtskleid getragen wurde.

[4]) Während die materielleren Persönlichkeiten unter der vornehmen Römer-welt der damaligen Zeit dem Epikuräismus angehörten, bekannten sich die inner-licheren Naturen größtentheils zu den Lehren der Stoa. Diese zogen sich größten-theils, ohne sich um Staatsämter zu bewerben, auf ihre Villen oder sonst in die Verborgenheit zurück und schieden freiwillig vom Leben, wenn ihnen dasselbe nutz-los erschien oder zur Last wurde. So Corellius (I. 12) und der Dichter Silius Italicus (III. 7).

Laurentinum, das heißt meine Bücher, meine Schriften und meine wissenschaftliche Muße wieder auf. Denn jetzt am Krankenbette und in meiner Angst kann ich weder lesen noch schreiben. Du kennst 12 nun meine Befürchtungen, meine Hoffnungen und meine Bestimmungen für die kommenden Tage. Laß nun auch Deinerseits wissen, was Du getrieben, was Du treibst und was Du zu treiben gedenkst; aber laß Deinen Brief einen heiteren sein. Es wird mir in meiner Angst ein großer Trost sein, wenn Du über nichts zu klagen hast. Lebe wohl!

23.
C. Plinius an Pompejus Falco[1]).

Du willst mein Gutachten darüber, ob Du während Deines Tribunates Rechtssachen führen sollest. Es kommt dabei Alles auf Deine Ansicht vom Tribunate an, nämlich, ob Du dasselbe für einen leeren Schatten, für einen bedeutungslosen Namen, oder für ein unverletzliches, heiliges Amt hältst, das durch keinen Andern, nicht einmal durch seinen Eigner herabgewürdigt werden darf[2]). Als ich Tribun 2 war, mag ich mich vielleicht im Irrthum befunden haben, indem ich mich für etwas hielt; allein ich habe mich, als wäre ich wirklich etwas, jeder Proceßführung enthalten. Zunächst nämlich fand ich es entwürdigend, wenn Der, vor dem Alle sich erheben, dem Alle Platz machen müssen, allein stehen solle, während alle Andern säßen; wenn Dem, welcher Jedem das Wort zu nehmen berechtigt ist, eine Wasseruhr Stillschweigen auferlegen könne[3]); wenn Der, den zu unterbrechen ein

---

23. [1]) An ihn sind auch die Briefe IV. 27, VII. 22, IX. 15 gerichtet. Damals (97) designirter Volkstribun, war er später (vgl. VII. 22) Provinzialstatthalter, von dem Plinius ein Militärtribunat für einen Freund erbittet; unter Trajan verwaltete er dann die Provinzen Lycien und Pamphylien, Judäa, Niedermösien, unter Hadrian Britannien und Asien.

[2]) Das Volkstribunat, welches Plinius vom 10. December 91 bis zum 9. December 92 bekleidete, war in der That zum leeren Schatten herabgesunken und hatte alle Bedeutung, die es zur Zeit der Republik besessen, verloren, wenn gleich die Befugnisse, welche Plinius im Folgenden als etwas Großes aufzählt, dem Namen nach noch bestanden.

[3]) Vgl. Anm. zu II. 11. 14.

Frevel ist⁴), selbst sogar Schimpfreden anhören solle, und, falls er
dieselben ungerügt geschehen ließe, den Schein schlaffer Gleichgültigkeit
oder, wenn er eine Strafe verhängte, barscher Ueberhebung auf sich
3 laden müsse. Auch schwebte mir das Gespenst vor Augen: wenn mein
Einschreiten verlangt würde, entweder von meiner eigenen oder von
der Gegenpartei, sollte ich einschreiten und Abhülfe leisten, oder mich still
und schweigsam verhalten und gewissermaßen meinem Amte entsagen
4 und den Privatmann spielen? Diese Gründe waren es, die mich be-
wogen, mich lieber als Tribun für Alle, denn als Sachwalter für
5 Wenige zu zeigen. Allein, ich wiederhole es, bei Dir kommt Alles
darauf an, welche Ansicht Du vom Tribunate hast, und welche Rolle
Du Dir selber beilegst; denn ein weiser Mann übernimmt keine Rolle,
ohne sie durchzuführen. Lebe wohl!

24.
C. Plinius an Bäbius Hispanus¹).

Mein Hausfreund Tranquillus²) möchte den kleinen Grund-
besitz kaufen, den Dein Freund, wie man sagt, verkaufen will.
2 Bitte, verwende Dich dahin, daß er ihn zu einem billigen Preise
erhält; denn dann wird ihm der Kauf Freude machen. Hat
doch ein schlechter Kauf immer etwas Unangenehmes, weil er dem
3 Besitzer gewissermaßen immer seine Thorheit vorhält. Bei diesem
Gütchen steht nun Freund Tranquillus gar Manches an, die Nähe der
Stadt, die bequeme Straße, die bescheidene Größe der Villa, der
mäßige Umfang der Ländereien, gerade wie gemacht, um ihm mehr
eine angenehme Zerstreuung zu gewähren, als irgend einen Zwang
4 aufzulegen. Ferner ist ja den Herren Stubengelehrten, wie er einer
ist, so ein kleines Stück Erde genug und übergenug, um sich den Kopf

---

⁴) Ein icilisches Gesetz, vom Volkstribunen Icilius im 5. Jahrh. v. Chr.
vorgeschlagen, bestimmte unter religiöser Weihe, weßhalb Plinius die Uebertretung
desselben als einen „Frevel" bezeichnet, harte Strafen für Den, welcher einen zum
Volke redenden Tribunen unterbrechen oder ihm zuwider reden würde.
24. ¹) Vielleicht ist an denselben VI. 25 gerichtet.
²) Wol Suetonius Tranquillus, was die Bezeichnung des „Stubengelehrten"
(vgl. I. 18, III. 8, V. 11) wahrscheinlich macht.

zu erleichtern, die Augen zu stärken, am Rande hinzuschlendern, einen und denselben Fußpfad abzutreten, alle ihre Weinstöckchen zu kennen und alle ihre Bäumchen zu zählen.   An allem Diesen magst Du ermessen, wie sehr er mir und ich Dir verbunden sein würde, wenn er gerade dieses Landgütchen, das sich durch die genannten Eigenschaften empfiehlt, um einen so verständigen Preis erwirbt, daß er nichts dabei zu bereuen hat.   Lebe wohl!

Zweites Buch *).

1.

C. Plinius an Romanus ¹).

Seit längern Jahren hatte das römische Volk wieder einmal ein großartiges und sogar denkwürdiges Schauspiel in dem öffentlichen Leichenbegängniß ²) eines großen und verdienstvollen und nicht minder glücklichen Bürgers, des Verginius Rufus ³). Dreißig Jahre 2 lang hat er den Nachruhm seines Wirkens erlebt. Er konnte noch die Gedichte zu seinen Ehren, er konnte noch die Geschichtsbücher seiner Thaten lesen und war gewissermaßen ein Mitlebender seiner eigenen Nachwelt.

---

*) Die Briefe dieses Buches gehören den Jahren 97—100 an.

1. ¹) Vielleicht Voconius Romanus, an den I, 5. gerichtet ist.

²) Ein öffentliches und feierliches Leichenbegängniß wurde nur hochgeborenen Personen zu Theil; die übrigen Todten wurden bei Nacht unter Fackelschein aus der Stadt getragen. Bei hochverdienten Männern, wie hier, geschieht das Leichenbegängniß manchmal auf Grund eines Senatsbeschlusses, auf Kosten des Staates, unter der Leitung der höchsten Behörden.

³) Consul unter Nero im Jahre 63, Statthalter in Obergermanien 69, trat er in der letztern Eigenschaft mit seinem Heere dem Julius Vindex bei dessen Aufstande entgegen. Als Vindex sich selbst getödtet, suchte das Heer ihn zur Annahme der Herrschaft zu bewegen; allein Rufus lehnte entschieden ab, weil das Recht der Kaiserwahl einzig dem Senate zustehe. Unter Otho zum zweiten Male Consul, zog er mit diesem gegen Vitellius in den Kampf und wies nach des Kaisers Tode abermals die von den Legionen ihm angetragene Kaiserwürde ab. Von der Zeit an in stiller Muße lebend, gelangte er im Jahre 97 unter und mit Nerva zum dritten Konsulat; noch in demselben Jahre oder im Anfange des folgenden starb er,

Dreimal verwaltete er das Consulat und erreichte so die höchste Stufe des Privatmannes, da er die des Fürsten abgelehnt hatte. Den Kai- 3 sern, denen er verdächtig und ob seiner Tugenden sogar verhaßt ge- wesen [4]), entging er, und seine letzten Blicke sahen, wie wenn er ge- rade zu dieser Ehre des öffentlichen Leichenbegängnisses aufgehoben wäre, den besten und ihm befreundetsten Fürsten im ungetrübten Be- sitze der Herrschaft. Er überschritt das drei und achtzigste Jahr im tiefsten 4 Frieden und in allgemeiner Achtung. Er erfreute sich einer festen Gesund- heit, nur daß seine Hände zitterten, jedoch ohne irgend einen Schmerz da- bei. Nur der letzte Kampf mit dem Leben war ein harter und anhaltender, obwohl selbst dieser noch ein ruhmvoller. Denn als er sich eben zum 5 Vortrag einer Dankrede, die er als Consul dem Kaiser halten wollte [5]), anschickte, entglitt das etwas voluminöse Buch, welches er eben in die Hand genommen hatte, bei seiner Schwere dem alten Manne, der noch dazu stand. Während er sich nach diesem niederbeugte und es zu- sammenraffte, fiel er in Folge eines unsichern Trittes auf dem glatten und schlüpfrigen Fußboden und brach das Hüftbein, welches, unglücklich wieder eingerichtet, bei der geringen Widerstandskraft des Alters nicht heilen wollte. Das Leichenbegängniß dieses Mannes hat dem Kaiser, 6 hat dem Jahrhunderte, hat auch dem Forum und der Rednerbühne großen Glanz verliehen. Die Lobrede hielt als Consul Cornelius Ta- citus. [6]) Denn es sollte als letzte Krone seines Glückes noch hinzu- kommen, aus so beredtem Munde gelobt zu werden. Was ihn selbst be- 7 trifft, so schied er, satt an Jahren, satt an Ehren, an denen sogar, die er ablehnte. Wir aber sehen ihm nach und vermissen ihn wie ein Mu-

---

[4]) Galba haßte ihn, weil er erst, nachdem der Senat diesen zum Kaiser er- nannt hatte, das Heer demselben huldigen ließ; Vitellius sah mit Verdacht auf ihn, weil er beschuldigt worden war, einen Anschlag gegen dessen Leben gemacht zu haben.

[5]) Beim Antritte ihres Amtes statteten die Consuln im Namen des Volks den Kaisern ihren Dank durch eine Rede im Senate ab, wie Plinius selbst im Jahre 100 dem Trajan.

[6]) Bei öffentlichen Begräbnissen bewegte sich der feierliche Trauerzug vom Trauerhause nach dem Forum, wo der Katafalk mit der Leiche vor der Redner- bühne niedergesetzt wurde; ein Verwandter oder besonders Beauftragter bestieg die Rednerbühne und hielt dem Verstorbenen die Grabrede (Lobrede). Dann wurde die Leiche zum Begräbnißplatze geleitet.

sterbild aus alten Tagen, vor Allen freilich ich, der ihn nicht blos im
8 öffentlichen Leben mit gleicher Bewunderung und Liebe verehrte. Zunächst stammen wir aus derselben Gegend, unsere Geburtsstädte liegen
nahe zusammen, und selbst unsere Güter und Besitzungen gränzen an
einander; außerdem war er mir zum Vormund gesetzt und hat mir die
Liebe eines Vaters erwiesen. So ehrte er mich bei jeder Bewerbung
durch seine Stimme [7]), so eilte er zu jedem Amtsantritte von meiner
Seite aus seiner Zurückgezogenheit herbei [8]), obschon er bereits lange
solche Aufmerksamkeiten aufgegeben hatte; so galt auch an dem Tage,
an welchem die Priester die von ihnen für die Würdigsten Gehaltenen
zum Priesteramt vorzuschlagen pflegen, seine Stimme immer mir [9]).
9 Ja selbst noch in seiner letzten Krankheit, als er unter die Fünfmänner
gewählt zu werden fürchtete, welche zur Minderung der Staatsaus-
gaben auf ein Senatsgutachten ernannt wurden [10]), ließ er, obgleich
er über so viele bejahrte und mit consularischen Würden geschmückte
Freunde hätte verfügen können, sich trotz meiner Jugend durch mich
vertreten, und sprach dabei die Worte: „auch wenn ich einen Sohn
10 hätte, würde ich es dir auftragen." Das sind die Gründe, weßhalb
ich seinen Tod, wie einen zu frühzeitigen, an Deinem Busen beweinen
muß, wenn es überhaupt recht ist, einen Tod zu beweinen, oder selbst
Das Tod zu nennen, womit des großen Mannes Sterblichkeit vielmehr,
11 als sein Leben abgeschlossen ist. Denn er lebt und wird immer leben,
ja er wird in immer weiteren Kreisen im Gedächtniß und im Munde
12 der Menschen bleiben, seitdem er ihren Augen entrückt ist. Ich wollte

---

[7]) Ueber die vom Kaiser zu einem Amte empfohlenen Bewerber stimmte der
Senat ab.

[8]) vgl. Anm. 12 zu I, 5.

[9]) Die Kaiser, welche in alle Priestercollegien aufgenommen wurden und stets,
bis auf Gratian, die oberste Priesterstelle als pontifices maximi bekleideten, besetzten
nach eigener Wahl die erledigten Priesterstellen wieder. Vielleicht geschah dieses,
wie unsere Stelle andeutet, in ähnlicher Form, wie bei Besetzung der Magistratu-
ren, indem zumal die besseren Kaiser sich von den einzelnen Collegien die passenden Personen nennen ließen, und dann nach freiem Entschlusse wählten.

[10]) Da bei Nerva's Regierungsantritt der Staatsschatz durch die Verschwendung Domitians erschöpft war, suchte der Kaiser, um einen bessern Staatshaus-
halt herbeizuführen, die öffentlichen Ausgaben möglichst zu beschränken, und setzte
zu diesem Zwecke ein Collegium von fünf Männern ein, welche der Senat aus
den angesehensten und unbescholtensten Persönlichkeiten zu wählen hatte.

Dir noch Manches Andere schreiben, aber meine ganze Seele ist in diesem einzigen Gefühle befangen. Ich habe keinen Gedanken, als Verginius, sein Bild schwebt beständig vor meinen Augen; ich glaube (so täuschend und doch so lebensfrisch tritt er mir vor die Seele), Verginius zu hören, zu sprechen, zu umarmen. Mögen uns vielleicht einige Bürger noch geblieben sein und geschenkt werden, die ihm an Tugenden gleichen, an Ruhm werden wir nicht wieder seines Gleichen sehen! Lebe wohl!

2.
C. Plinius an Paulinus[1]).

Ich bin böse auf Dich, wenn ich gleich nicht sicher weiß, ob mit Grund; aber böse bin ich. Du weißt, wie die Liebe manchmal unbillig, oft unbändig und immer vétilleuse[2]) ist. Aber für dieses Mal habe ich ernsten, ich weiß nicht ob gerechten Anlaß; allein in der Voraussetzung, daß er eben so gerecht als ernst ist, zürne ich Dir bitter, weil ich so lange keinen Brief von Dir gesehen habe. Du kannst mich 2 nur durch ein einziges Mittel beschwichtigen, nämlich wenn Du mir jetzt wenigstens sehr viele und lange Briefe schreibst. Das wird bei mir allein als wahre Entschuldigung, alles Andere für erdichtet gelten. Ich mag nichts hören von „ich war in Rom“ oder „ich hatte gar zu viel zu thun.“ Denn daß Du krank gewesen wärest, das mögen die 3 Götter verhüten. Ich meinestheils erfreue mich auf meinem Landgute theils an wissenschaftlichen Studien, theils am Nichtsthun, die ja beide Kinder der Muße sind. Lebe wohl!

3.
C. Plinius an Nepos[1]).

War schon der Ruhm groß, welcher dem Isäus[2]) vorausge-

---

2. [1]) Wol derselbe, der in den Briefen an Trajan 105, 1. erwähnt ist, an den V, 19. und IX, 37. gerichtet sind, und der später unter Trajan (im Jahre 108?) Consul war. Ob er mit Valerius Paulinus (vgl. IV, 15.) identisch ist, läßt sich nicht bestimmen.
[2]) D. h. kitzlich, heikel.
3. [1]) vgl. III, 16. IV, 26. VI, 19.
[2]) Ein in Rom lebender assyrischer Grieche und Rhetor, der noch unter Hadrian bedeutend gewesen soll.

gangen war, so war doch sein eigenes Auftreten noch größer. Außerordentlich ist seine Naturanlage, sein Reichthum im Ausdruck, seine Fruchtbarkeit an Gedanken. Er redet immer aus dem Stegreif, aber so, als wäre eine lange Vorbereitung vorausgegangen. Er spricht griechisch oder vielmehr attisch; seine einleitenden Worte sind korrect, schlicht und anmuthig, zu Zeiten mächtig und gehoben. Er läßt sich mehrere Controversen 3) geben und stellt den Zuhörern die Wahl unter denselben anheim, oft sogar die Stellung, welche er zu denselben einnehmen soll: dann tritt er auf, legt den Mantel zurecht 4) und beginnt. Sofort steht ihm Alles, und zwar in fast gleicher Weise, zu Gebot: tiefsinnige Gedanken strömen ihm zu, ebenso die Worte; aber was für Worte! wie gesucht und wie fein! Aus der unvorbereiteten Rede fühlt man heraus, wie viel er gelesen, wie viel er geschrieben haben muß. Die Einleitung ist der Sache angemessen, die Darstellung der Sachlage klar, die Polemik scharf, das Resumé bündig, die Staffage in erhabenem Styl; kurz, er versteht zu belehren, zu unterhalten, zu treffen; man weiß nicht, worin er am stärksten ist; es drängen sich Enthymeme 5) und Syllogismen 6) in knappster Form und vollendeter Kunst, was selbst bei schriftlicher Abfassung zu erreichen ein Verdienst ist; unglaublich ist sein Gedächtniß: er wiederholt das, was er aus dem Stegreife gesprochen, von vorn, ohne auch nur um ein Wort zu fehlen. Zu dieser Routine ist er durch Fleiß und Uebung gelangt; denn Tag und Nacht treibt, hört und bespricht er nichts Anderes. Er ist über das sechzigste Jahr hinaus und

---

3) Fingirte Rechtsfälle, die wegen der dabei vorliegenden verwickelten Verhältnisse dem sophistischen Scharfsinn einen weiten Spielraum für die Entscheidung sowohl für als wider lassen. In den damaligen Rednerschulen wucherten die Reden und Redeübungen über solche Themen; Prunkredner ließen sich nicht nur solche Aufgaben zur augenblicklichen Behandlung stellen, sondern ließen die Zuhörer bestimmen, welche Seite oder Partei sie in ihren Stegreifreden vertreten sollten.

4) Es gehörte zur Koketterie der Redner, vor dem Beginne des Vortrags der Toga die gehörige Draperie zu geben, oder dieselbe wohl gar von neuem umzuwerfen und durch diese Toilettenmanöver, bei denen es besonders auf kunstreichen Faltenwurf abgesehen war, die Erwartung der Zuhörer noch mehr zu spannen (vgl. IV, 11. 3.).

5) Die strenge, ausgeführte wissenschaftliche Beweisform.

6) Die abgekürzte Beweisform.

ist doch immer noch Mann der Schule. Es gibt nichts Unverdorbeneres, Schlichteres und Besseres, als diese Art Menschen. Denn wir, die wir uns auf dem Forum und in wirklichen Gerichtshändeln herumtreiben, gewöhnen uns, selbst ohne es zu wollen, ein gutes Theil Arglist an. Schule, Hörsaal und ein erdichteter Rechtsstreit dagegen haben etwas Fried- 6 fertiges und Harmloses, etwas Beglückendes sogar, zumal für das Alter. Denn was kann es für das Alter Beglückenderes geben, als eben das, 7 was uns in der Jugend am liebsten war? Darum halte ich den Isäus nicht nur für einen großen Redner, sondern auch für einen hoch be- glückten Menschen, und wenn Du Dich nicht getrieben fühlst, ihn kennen zu lernen, so hast Du ein Herz von Eisen und Stein. Also, wenn Du 8 nicht sonst schon und um meinetwillen kommst, so komme mindestens, um ihn zu hören. Hast Du nie gelesen, wie ein Mann aus Gades [7], von Titus Livius' [8] Namen und Ruhm angezogen, von den äußersten Marken der Erde kam, um ihn zu sehen, und, sobald er ihn gesehen, wieder abreiste? Man muß ohne alles Gefühl für das Schöne, ohne alles wissenschaftliche Interesse, ohne alle höhere Regung, ja beinahe moralisch verkommen sein, wenn man so wenig Werth auf eine Be- kanntschaft setzen kann, vor der jede andere an Reiz, Schönheit und Humanität zurücktreten muß. Du sagst vielleicht: „ich habe hier eben 9 so bedeutende Redner, die ich lesen kann.“ Nun ja; allein zum Lesen findet sich immer Gelegenheit, nicht immer zum Hören. Ferner macht die lebendige Stimme, wie man zu sagen pflegt, einen viel größe- ren Eindruck. Denn mag immerhin das, was man liest, pikanter sein, so haftet doch das, was der lebendige Vortrag, was Auge, Persönlich- keit und Geberde des Redenden einprägen hilft, tiefer in der Seele, man müßte denn die Versicherung des Aeschines [9] für falsch halten, 10 der, als er zu Rhodus eine Rede des Demosthenes unter allgemeiner Bewunderung vorgelesen, hinzugefügt haben soll: und wenn ihr nun gar erst die Bestie selbst gehört hättet! Und doch besaß Aeschines, nach Demosthenes' Versicherung, ein höchst wohlklingendes Organ. Trotzdem gestand er, daß gerade Der, welcher die Rede geschaffen, dieselbe weit

[7] Das heutige Cadix.
[8] Der bekannte Historiker.
[9] vgl. Anm. 1 zu I, 20.

11 beſſer vorgetragen habe als er. Das alles will ſo viel ſagen, daß Du den Iſäus hören mußt, und wäre es nur beßhalb, um ihn gehört zu haben. Lebe wohl!

4.
C. Plinius an Calvina.

Wenn Dein Vater Mehreren oder auch nur jedem beliebigen Andern außer mir ſchuldig geweſen wäre, ſo hätteſt Du vielleicht zweifeln dürfen, ob Du die ſelbſt für einen Mann drückende Erbſchaft antreten 2 ſollteſt [1]). Allein da ich aus verwandtſchaftlichen Rückſichten Alle, welche, ich will nicht ſagen gar zu bringlich, aber doch gar zu beſorgt waren, befriedigt habe und ſo der einzige Gläubiger geworden bin, und da ich bei Deiner Heirath außer der Summe, welche Dir Dein Vater gewiſſermaßen von meinem Vermögen (denn von meinem Vermögen mußte ſie bezahlt werden) ausſetzte, hunderttauſend Seſterzien zu Deinem Heirathsgute beitrug, ſo haſt Du darin ein großes Pfand meiner Freudigleit, Dir zu helfen, und darfſt nun, im Vertrauen auf dieſe, die Pflicht, den guten Namen und die Ehre des Verſtorbenen zu retten, getroſt auf Dich nehmen. Und um Dich nicht mehr durch Worte als durch Thaten dazu anzuhalten, will ich Dir alles, was Dein Vater mir 3 ſchuldete, als getilgt anſehen. Du brauchſt nicht zu fürchten, daß dieſe Schenkung drückend ſei. Allerdings iſt mein Vermögen ein nicht eben großes [2]), meine Stellung erfordert Aufwand, und meine Einkünfte ſind bei den Verhältniſſen meiner Landgüter vielleicht nicht minder verringert als unſicher; allein was an Einkünften ausbleibt, wird durch Einſchränkung erſetzt, und dieß iſt auch gewiſſermaßen die Quelle,

---

4. [1]) Die Erbſchaft, welche Calvina antreten ſollte, war inſofern eine bedenkliche, als die Verpflichtungen, welche ſie durch die Annahme derſelben einging, dem ihr zufallenden poſitiven Vermögen ziemlich gleich kamen: ſie hätte nämlich mit der Annahme zugleich die Schulden des Erblaſſers tilgen müſſen. In dieſem Falle hatte ſie ſich an Plinius, den Hauptgläubiger ihres verſtorbenen Vaters, gewendet, um mit dieſem ein gütliches Abkommen zu erreichen und die Erlaſſung eines Theils ſeiner Forderungen zu erwirken. Der vorliegende Brief enthält die Antwort auf jene Anfrage.

[2]) Andere und zwar zahlreiche Briefe des Plinius beweiſen im Gegentheil deſſen enormen Reichthum.

aus der meine Freigebigleit fließt. Freilich muß ich die letztere soweit 4
beschränken, daß jene nicht durch zu großen Abfluß eintrocknet; allein
ich kann sie ja gegen Andere beschränken, bei Dir dagegen wird die
Rechnung schon stimmen, selbst wenn sie das Maß überschreiten sollte.
Lebe wohl!

5.

C. Plinius an Lupercus.

Ich übersende Dir die von Dir wiederholt verlangte, von mir oft
versprochene Rede[1]), freilich noch nicht die ganze; denn an einem
Theile derselben feile ich noch. Indessen fand ich es passend, dasje- 2
nige, was mir der Vollendung näher gebracht schien, Deiner Kritik zu
unterwerfen. Bitte, laß diesem dieselbe Sorgfalt angedeihen, mit der
es meinerseits geschrieben wurde. Denn ich habe bisher noch nichts unter Händen gehabt, wobei ich mit gleicher Aengstlichkeit hätte verfahren
müssen. Bei allen meinen übrigen Reden nämlich unterwarf ich nur 3
meinen Fleiß und meine Gewissenhaftigkeit dem Urtheile der Menschen;
bei dieser aber wird es auch meinem Herzen gelten. Daher ist denn
auch das Werkchen so herangewachsen, weil es mir eine Freude war,
meine Vaterstadt zu loben und zu verherrlichen, und es in gleicher
Weise ihrer Ehrenrettung und ihrem Ruhme galt. Trotzdem kannst 4
Du auch hier so viel beschneiden, als die Sache es verlangt. Denn so
oft ich die Blasirtheit und den verzärtelten Geschmack der Lesewelt bedenke, sehe ich ein, wie ich selbst durch den mäßigen Umfang der Arbeit
Beifall für dieselbe suchen muß. Und doch, obwohl ich diese unerbitt- 5
liche Strenge von Dir fordere, muß ich doch zugleich um das gerade
Gegentheil bitten, nämlich bei gar vielen Stellen ein wenig durch die
Finger zu sehen. Denn man muß sich doch in manchen Stücken in den
Geschmack der jüngern Welt schicken[2]), zumal wenn der Gegenstand

---

5. [1]) Wie aus dem Folgenden hervorgeht, war dieselbe in Vertretung seiner Vaterstadt Comum gehalten.

[2]) Gerade die jüngere Welt war es hauptsächlich, welche die Vorlesungen und
die Kunstreden der Rhetoren besuchte, und welche die literarische und ästhetische Kritik übte. Die Zeit aber brachte es mit sich, daß der Redner der Politik und der
Gegenwart möglichst fern blieb, und dafür sich in gespreizter Breite auf neutralen
Gebieten erging. Vgl. Anm. 9. zu I, 20.

4*

es zuläßt; nämlich Beschreibungen von Oertlichkeiten, die in meiner Arbeit öfter vorkommen werden, kann man nicht nur im historischen,

6 sondern fast im poetischen Stile halten. Sollte aber Jemand auftreten und meinen, ich hätte die Farben üppiger aufgetragen, als der Ernst der Rede es verlangt, so wird ein solcher, wenn ich so sagen darf, Philister, sich durch die übrigen Partien der Rede umstimmen lassen müssen.

7 Wenigstens habe ich mich abgemüht, die verschiedenen Klassen der Leser durch öftere Abwechslung im Stil zu fesseln, und wenn ich gleich befürchten muß, daß Diesen und Jenen, je nach eines Jeden Geschmack, dieser und jener Theil nicht befriedigen werde, so glaube ich doch zuversichtlich hoffen zu dürfen, daß das Ganze sich bei Allen eben durch

8 seine Vielseitigkeit empfehlen werde. Pflegen wir doch auch bei einem Gastmahle, wenn gleich der Einzelne manche Gerichte vorübergehen läßt, dennoch die ganze Tafel zu loben, und nimmt doch dabei das, was unserm Gaumen nicht munden will, dem, was ihm behagt, nichts

9 von seinem Reize. Nur möchte ich das nicht so verstanden wissen, als wenn ich dieses erreicht zu haben glaubte, sondern nur, daß ich es zu erreichen gestrebt habe, vielleicht auch nicht ganz ohne Erfolg, vorausgesetzt daß Du Dich zunächst des Uebersandten, dann der folgenden

10 Stücke sorgfältig annimmst. Du wirst sagen, das lasse sich nicht mit voller Genauigkeit thun, bevor Du nicht die ganze Rede in Händen habest. Ich gebe das zu; allein für den Augenblick kannst Du Dich doch mit dem, was Du hast, vertrauter machen, und Manches darunter ist

11 von der Art, daß es sich auch in Absätzen verbessern läßt. Wenn Du z. B. den Kopf oder irgend ein Glied einer Statue einzeln vor Augen hättest, so könntest Du freilich daraus das Ebenmaß und die Einheit des Ganzen nicht bestimmen, aber Du könntest doch beurtheilen, ob ge-

12 rade das, was Du siehst, den Gesetzen der Schönheit entspräche. Und aus demselben Grunde setzt man ja auch den bloßen Anfang eines Buches in Umlauf³), nämlich weil man der Meinung ist, es könne auch

13 ein bloßer Theil, selbst ohne das Uebrige, ein vollendeter sein. Allein

---

³) Das geschah besonders bei den Einladungsbriefen zu Vorlesungen, welche man an angesehene und einflußreiche Literaten und Freunde erließ: diesen wurde ein Theil des vorzutragenden Manuscriptes, meist die prunkvolle Einleitung, beigelegt, um auf das Ganze die Gemüther zu spannen und im Voraus Reclame zu machen.

der Genuß, mich mit Dir ein wenig zu unterhalten, hat mich schon zu weit geführt; ich will schließen, um nicht das Maß, welches nach meiner Ansicht selbst in einer Rede eingehalten werden muß, bei einem bloßen Briefe zu überschreiten.   Lebe wohl!

6.
C. Plinius an Avitus.

Ich will nicht zu weit ausholen, und es ist im Grunde auch gleichgültig, wie es kam, daß ich, ohne in irgend einer nähern Verbindung mit demselben zu stehen, bei einem Manne zu Tische war, der nach seiner eigenen Ansicht ein freigebiger Wirth und ein guter Haushalter, nach der meinigen aber ein Knicker und zugleich ein Verschwender ist. Nämlich für sich und einige Andere tischte er herrlich, für die 2 Anderen jämmerlich und karg auf.   Auch den Wein hatte er in winzigen Fläschchen zu drei Klassen vertheilt, nicht um die Freiheit der Auswahl zu gewähren, sondern um die Möglichkeit des Zurückweisens abzuschneiden, die erste Klasse für sich und uns, die zweite für die geringeren Freunde (denn er unterscheidet seine Freunde nach Stufen), die dritte für seine und unsere Freigelassenen[1]).   Der, welcher mir 3 zunächst saß, bemerkte es und fragte, ob ich das in der Ordnung fände. Ich erklärte: nein.   „Nun," erwiderte er, „wie pflegst denn Du es zu halten?" „Ich setze Allen Dasselbe vor; denn ich lade ja zu Tische und nicht zur Klassenabschätzung, und stelle Die, welche ich hinsichtlich des Tisches und des Platzes an demselben gleichgestellt habe, auch in allen Dingen gleich."   „Auch die Freigelassenen?"   „Auch diese; 4

---

6.   [1]) Der Unterschied des Ranges und Standes erscheint in der Kaiserzeit weit markirter als zur Zeit der Republik. Wie überhaupt, so waren besonders an der Tafel ihres Patrons die Klienten oft der schmählichsten Behandlung ausgesetzt. Abgesehen davon, daß der Hausherr mit den ihm nahe stehenden Gästen in jeder Beziehung sich anders bedienen, andere Speisen und Getränke sich vorsetzen ließ und aus kostbaren Gefäßen trank, während, wenn dem Klienten ein solches anvertraut wurde, meist ein Wächter daneben stand, der die Edelsteine an dem Becher zählte und dem Gaste scharf auf die Finger sah, mußte der Klient es sich gefallen lassen, den Gegenstand empörender Scherze des Hausherrn und der vornehmen Gäste desselben abzugeben (vgl. Juvenals fünfte Satire). Selbst die Hausklaven erlaubten sich die größten Demüthigungen und Frechheiten gegen sie.

denn dann gelten sie mir als Gäste, nicht als Freigelassene." Darauf
Jener: „kommt Dir das nicht theuer zu stehen?" „Gar nicht."
„Aber wie ist das möglich?" „Ei, meine Freigelassenen trinken nicht
5 mit mir, sondern ich trinke mit ihnen." Und ich dächte doch, wenn
man seinen Wohlgeschmack zu zügeln weiß, so kostete es keine Ueber-
windung, mit Mehreren zu theilen, was man selbst genießt. Also den
muß man bezwingen, den gewissermaßen zur Ordnung weisen, wenn
man seine Ausgaben beschränken will, die man entschieden richtiger
durch die eigene Enthaltsamkeit, als durch die Kränkung Anderer regelt.
6 Wozu ich Dir das sage? damit Du, ein junger Mann von herrlichen
Anlagen, Dich nicht an der Tafel gewisser Menschen durch den Luxus
unter der Maske der Wirthschaftlichkeit bethören lassest. Meiner Liebe
zu Dir aber steht das Recht zu, so oft Derartiges vorkommt, an dem
Bilde Anderer Dich im voraus darauf hinzuweisen, was Du zu ver-
7 meiden habest. Merke es Dir also, daß man nichts mehr zu meiden
hat, als eine solche ganz neue Mischung von Verschwendung und
schmutzigem Geiz: ist schon jede an und für sich häßlich genug, so
sind beide verbunden doch noch häßlicher. Lebe wohl!

7.

C. Plinius an Macrinus.

Gestern wurde dem Vestricius Spurinna[1]) auf den Antrag des
Kaisers vom Senat eine Triumphstatue[2]) beschlossen, nicht in der
Weise, wie so manchem Andern, der nie in der Schlacht gestanden,
nie ein Lager gesehen, nie, außer bei Schauspielen, Trompeten

---

7. [1]) Vgl. Anm. 9 zu I. 5.

[2]) Nach dem Triumphe des Alleinherrschers Octavianus über M. Antonius
wurde der Triumph selten und nur noch den Kaisern selbst oder ihren nächsten
Angehörigen verliehen; siegreichen Feldherren wurden seitdem höchstens die Abzeichen
der Triumphatoren vom Senat oder eigentlich vom Kaiser gewährt: die mit goldenen Sternen bestickte Toga, die goldgemusterte Tunica, der Elfenbeinstab mit dem
Adler, der elfenbeinerne Staatssessel, der Lorbeerkranz und eine an einem öffentlichen Orte in diesem Schmuck errichtete Bildsäule. Der Titel Imperator aber,
welchen die Kaiser allein sich vorbehielten, kam in Wegfall. Daß triumphalische
Ehren auch Solchen zuerkannt wurden, welche nie ein Heer geführt hatten, hängt
mit der in Anm. 5 zu I. 14 besprochenen Sitte zusammen.

schmettern [3]) gehört hat, sondern wie Denen, die sich eine Auszeichnung in saurem Schweiße, mit ihrem Blute und durch ihre Thaten errangen. Denn Spurinna führte den König der Brukterer mit Waffengewalt in 2 sein Königreich ein [4]), und brauchte den Krieg nur im Hintergrunde zu zeigen, um — die schönste Art des Sieges — eines der kriegerischsten Völker durch den bloßen Schrecken vollkommen zu bändigen. Das 3 war der Lohn seiner Tapferkeit, aber auch ein Trost in seinem Schmerze wurde ihm dadurch, daß man seinem Sohne Cottius, den er während seiner Abwesenheit verlor, die Ehre einer Statue zuerkannte. Gewiß etwas Außerordentliches bei einem so jungen Manne; allein man war auch dieß dem Vater schuldig, bei dem man für die schwere Wunde, die ihm geschlagen war, auf irgend ein wirksames Linderungsmittel denken mußte. Ueberdieß hatte Cottius persönlich so herrliche Proben von 4 dem ihm innewohnenden Geiste gegeben, daß sein kurzes und eng begränztes Leben durch eine solche Art von Unsterblichkeit verlängert zu werden verdiente. Denn er zeigte eine solche Sittenreinheit, einen so männlichen Charakter und eine solche persönliche Würde, daß er mit all den bejahrten Männern in die Schranken treten konnte, denen er nun an Ehren gleichgestellt ist. Und durch diese Ehre ist, so wie ich 5 die Sache auffasse, nicht nur dem Gedächtnisse des Verstorbenen und dem Schmerze des Vaters genug gethan, sondern auch ein Muster zur Nacheiferung aufgestellt worden. Solche Belohnungen, selbst jungen, natürlich würdigen, Männern erwiesen, werden die Jugend zu edlem Streben entflammen, und unsere Großen werden sich dadurch angetrieben fühlen, Kinder groß zu ziehen, die ihr Leben verschönern und, falls sie ihnen genommen werden, ihnen ihren hohen Nachruhm als Trost hinterlassen. Darum freue ich mich als Patriot über die Statue des 6 Cottius; aber nicht minder groß ist meine persönliche Freude. Ich habe den musterhaften Jüngling ebenso innig geliebt, wie ich ihn jetzt

---

[3]) Bei verschiedenen öffentlichen Spielen wurde das Zeichen zum Beginne wie zum Schluß derselben durch eine Fanfare gegeben.

[4]) Die Einführung des Königs der Brukterer, einer an der Ems wohnenden deutschen Völkerschaft, geschah auf Befehl Spurinna's als Legaten von Untergermanien und unter dem Geleit eines römischen Heeres, dem die Brukterer keinen Widerstand zu leisten versuchten. Wahrscheinlich ist das Ereigniß dasselbe mit dem, wovon Tacitus (Germania 33) berichtet.

schmerzlich vermisse. Deßhalb wird es mir eine Herzensfreude sein, sein Bild recht oft anzuschauen, recht oft mich nach ihm umzusehen, 7 darunter zu verweilen und an ihm vorüber zu wandern. Denn wenn schon die in unseren Häusern aufgestellten Bilder der Verstorbenen [5]) unseren Schmerz lindern, um wie viel mehr müssen es die thun, welche uns an den belebtesten Plätzen nicht nur ihre Gestalt und ihr Gesicht, sondern selbst ihren Ruhm und ihre Ehre wieder vor Augen stellen. Lebe wohl!

8.
C. Plinius an Caninius [¹]).

Lebst Du den Wissenschaften oder dem Fischfange, oder der Jagd, oder allen zugleich? Denn man kann ja alles zugleich an unserm Larius [²]) treiben. Lockt doch der See durch seine Fische, der ihn umgebende Wald durch sein Wild, und das ungestörte Stillleben dort zu 2 wissenschaftlicher Beschäftigung unwiderstehlich an. Aber magst Du nun alles zugleich oder irgend etwas davon treiben, ich kann nicht sagen, daß ich Dich beneide. Und doch peinigt es mich, daß mir nicht auch ein Genuß gegönnt ist, nach dem ich mich ebenso sehne, wie der Kranke nach Wein, Bad und frischer Quelle. Werde ich denn nie diese beengenden Fesseln, wenn ihre Lösung versagt ist, zerreißen [³])? Ich 3 glaube, nie. Denn zu meinen alten Geschäften häufen sich immer neue, ohne daß darum die früheren aufgearbeitet werden, und so schleppt sich in immer neuen Gliederungen und Verkettungen der Schweif meiner Arbeiten von Tag zu Tag weiter hinaus. Lebe wohl!

---

[5]) Jeder Römer, dessen Vorfahr oder Vorfahren irgend ein höheres Staatsamt, mindestens die Aedilität, bekleidet hatten, besaß das jus imaginum, d. h. er durfte im Atrium, dem vordersten weiten Saale des Hauses, in tempelartig geformten Schränken, die an den Wänden angebracht waren, die möglichst ähnlich gebildeten und bemalten, am Fußgestell mit einer die Aemter, Würden und Verdienste der Verstorbenen aufzählenden Inschrift versehenen Wachsmasken seiner Ahnen aufstellen.

8. [¹]) Vgl. Anm. 1 zu I. 3.

[²]) Der Comer See.

[³]) Plinius bekleidete damals die mühselige Stelle eines Präfecten des Staatsärars; vgl. Anm. 3 zu I. 10.

9.

C. Plinius an Apollinaris [1]).

In Angst und Bangen hält mich die Bewerbung meines Freundes Sextus Erucius [2]). Mich drücken die Sorgen, und ich fühle
gleichsam für mein zweites Ich eine Beklemmung, die ich für mich selbst
niemals empfunden habe. Und dazu steht meine eigene Ehre, mein
guter Name, mein Ansehen mit auf dem Spiele. Ich habe für Sextus 2
beim Kaiser erst dann die Senatorenwürde [3]), die Quästur [4]) erwirkt,
durch meine Fürsprache gelangte er zu dem Rechte, sich um das Tribunat [5]) zu bewerben, und wenn er dieses nun im Senate nicht erhält,
so, fürchte ich, kann es den Anschein gewinnen, als hätte ich den Kaiser
hintergangen. Ich muß daher alles aufbieten, um ihn von Allen für 3
das erklären zu lassen, wofür ihn der Kaiser auf mein Wort hin hält.
Und wenn selbst dieser Grund mich nicht zu allem Eifer anspornte, so
müßte ich doch den redlichen, charaktervollen und höchst unterrichteten,
kurz nicht nur an und für sich, sondern mit seinem ganzen Hause alles
Lobes würdigen Mann unterstützt wünschen. Denn sein Vater ist Erucius 4
Clarus, ein unsträflicher Mann von altem Schlage, beredt und in
Rechtshändeln bewandert, die er mit höchster Gewissenhaftigkeit, ebenso
großer Charakterfestigkeit und nicht geringerem Zartgefühle führt.
Seinen Oheim nennt er den C. Septicius, einen Mann, wie es keinen

9. [1]) Ob der Adressat dieses und des Briefes V. 6 identisch mit dem IX. 13.
13 als besignirter Consul erwähnten Domitius Apollinaris sei, ist nicht festzu-
stellen.

[2]) Vgl. Anm. 1 zu I. 1. Die höheren Aemter waren der Gegenstand un-
ruhiger Wünsche und eifriger Bemühungen. Besuche und Empfehlungsschreiben,
Bestechungen und Intriguen wurden zur Erlangung derselben nicht gespart.

[3]) Vgl. Anm. 5 zu I. 14.

[4]) Die Quästur galt auch unter den Kaisern noch als die erste Stufe zur
Erlangung der höhern Staatsämter. Ob Erucius einer der Quästoren gewesen,
von denen jedem Consul einer beigegeben wurde, oder ob er dem Staatsärar vor-
stand, ist nicht zu entscheiden.

[5]) Die Candidaten der höheren Staatsämter, wie hier des Volkstribunats, be-
durften erst der Erlaubniß des Kaisers zur Bewerbung. Hatten sie diese erlangt,
so wurden die vom Kaiser gebilligten Bewerber dem Senate präsentirt, und dieser
wählte durch Stimmenmehrheit aus den Vorgeschlagenen,

wahrhafteren, biederern, edleren und zuverlässigeren Charakter geben
5 kann. Alle wetteifern in der Liebe gegen mich, ohne daß jedoch einer
es dem andern darin zuvorthun könnte, und so könnte ich jetzt in diesem
einen mich allen zugleich dankbar erweisen. Darum drücke ich, bit-
tend und für ihn werbend, all meinen Freunden die Hand, laufe in
die Häuser, besuche alle Stationen [6]) und ermüde nicht im Bitten, um
zu sehen, wie viel ich durch mich und durch die Liebe meiner Freunde
6 vermag. So bitte ich auch Dich inständigst, Du mögest es nicht ver-
schmähen, mir einen Theil der Last von den Schultern zu nehmen.
Du kannst auf Gegendienste bei mir rechnen, wenn Du willst, ja selbst
wenn Du nicht willst. Man achtet, man verehrt, man sucht Dich;
zeige nur, daß Du willst, und es wird nicht an Männern fehlen, denen
Dein Wunsch Gebot ist. Lebe wohl!

10.
C. Plinius an Octavius [1]).

Wie Du doch so ohne allen Ehrgeiz, nein, so hartherzig und beinahe grausam sein kannst, die herrlichsten Geisteserzeugnisse so lange
2 zurückzuhalten! Wie lange wirst Du Dir selbst und uns, Dir
die höchste Anerkennung, uns den höchsten Genuß mißgönnen?
Laß sie doch, vom Munde der Menschen getragen, den ganzen Raum
durchlaufen, in dem die römische Sprache klingt. Groß ist ja und
lang die Spannung darauf, die Du fernerhin nicht mehr täuschen
3 noch hinhalten darfst. Einige Verse von Dir sind bereits hinausge-
drungen und haben wider Deinen Willen Deinen Verschluß gesprengt.
Wenn Du diese nicht wieder in das Corps steckst, so wird sich, wie bei
Entlaufenen, schon Jemand finden, der sich ihren Herrn nennt [2]).

---

[6]) Vgl. Anm. 2 zu I. 13.
10. [1]) Vgl. Anm. 1 zu I. 7.
[2]) Herausgegebene oder sonst in's Publikum gekommene Gedichte, Reden und
andere litterarische Producte wurden selbst nach der Herausgabe noch, sei es auf
Betrieb der Verfasser, oder ohne ihr Zuthun, nicht selten sogar wider ihren Willen,
häufig von Andern vorgelesen (vgl. Anm. 1 zu I. 13), und zwar nicht blos in
Rom, sondern aller Orten in Italien und in den Provinzen, auch nicht etwa nur
in beschränkten Privatkreisen, sondern öffentlich vor allem Volk (vgl. IV. 7).
Geschah dieses von Seiten des Vortragenden ohne Nennung des Verfassers und in

Gedenke Deiner Sterblichkeit, von der Du Dich nur durch dieses 4
Denkmal befreien kannst; denn alles Andere, gleich gebrechlich und
vergänglich wie wir Menschen selbst, geht unter und hat sein Ende.
Du wirst nach Deiner Art sagen: dafür mögen meine Freunde sorgen.
Nun wünsche ich Dir zwar Freunde, treu, unterrichtet und thätig 5
genug, um eine solche mühevolle Aufgabe übernehmen zu können und
zu wollen; aber siehe Dich vor, ob es nicht von mangelnder Fürsorge
zeuge, von Andern das zu erwarten, was man sich selbst nicht leisten
mag. Doch halt' es mit der Herausgabe einstweilen nach Deinem 6
Belieben; aber lies sie wenigstens vor, damit Du zur Herausgabe
mehr Lust bekommst und endlich die Freude empfindest, die ich schon
lange, und nicht ohne Grund, statt Deiner im Geiste vorausgenieße.
Denn ich kann mir lebhaft denken, welche Bewunderung, welcher Bei- 7
fall, ja, auch welches Schweigen Deiner wartet, ein Schweigen, das
mich bei meinen Reden und Vorlesungen nicht minder erfreut, als der
laute Zuruf, nur muß es gespannt und theilnehmend sein und von dem
Wunsche zeugen, den weiteren Verlauf zu hören³). Bringe nicht 8
ferner durch Dein endloses Zaudern Deine Studien um diesen großen,
sicher ihnen aufgehobenen Genuß; denn wenn die Bedenklichkeit das
Maß überschreitet, so liegt die Befürchtung nahe, man möge sie mit
dem Namen der Schlaffheit und Bequemlichkeit, ja sogar der Aengstlichkeit belegen. Lebe wohl!

11.
C. Plinius an Arrianus¹).

Du pflegst Deine Freude daran zu haben, wenn etwas im
Senate verhandelt wird, was dieses Standes würdig ist. Denn wenn

---

der Absicht, das fremde Gut als eigenes erscheinen zu lassen, so nannte man das
ein Plagiat, einen literarischen Betrug und Diebstahl, wogegen man keine andere
Waffe besaß, als die, den Betrüger öffentlich zu entlarven und der Schande preis-
zugeben (vgl. Martial's Sinngedichte I. 30. 39. 53. 54. 67, II. 20 u. s. w.).
³) Der Beifallsruf der Claque und das Bravogeschrei der Menge galt vielen
Vorlesenden als das einzige Ziel ihres Strebens (vgl. Persius' Satir. I. 45 ff.).
Plinius, als einer der Gebildetsten seiner Zeit, wünscht dem Freunde die gespann-
teste und lautlose Aufmerksamkeit seiner Zuhörer.
11. ¹) Der Brief, wie der folgende, ist im Jahre 100 geschrieben, wo Trajan
zum dritten Male Consul war.

Du gleich aus Liebe zur Ruhe Dich zurückgezogen hast, so haftet doch die Sorge um die Majestät des Staates in Deinem Herzen. So vernimm denn, was während dieser Tage verhandelt wurde, eine Sache, Aufsehen erregend durch den Glanz der betreffenden Persönlichkeit, heilsam durch die Strenge des statuirten Exempels und ewig denk-

2 würdig wegen ihrer Wichtigkeit. Marius Priscus [2]) nämlich, von den Afrikanern, deren Proconsul er war, angeklagt, verzichtete auf die Vertheidigung und bat um Richter. Ich und Cornelius Tacitus, denen die Vertretung der Provincialen aufgetragen war, hielten es für unsere Pflicht, den Senat damit bekannt zu machen, daß Priscus als Unmensch und Wütherich Verbrechen begangen, zu groß, als daß man ihm Richter verwilligen könne, indem er für Geld Unschuldige

3 verurtheilt, ja sogar habe hinrichten lassen. Dagegen sprach Fronto Catius und bat, man möge in der Verhandlung nicht über das Wiedererstattungsgesetz hinaus gehen und blähte, ein Meister in der Kunst Thränen zu erregen, gleichsam alle Segel seiner Vertheidigung mit

4 dem Winde des Mitleids. Gewaltig war der Kampf, gewaltig das Geschrei von beiden Seiten, indem Einige behaupteten, ein weiteres Verfahren des Senats sei durch das Gesetz abgeschnitten, Andere, es habe vollkommen freien und unbeschränkten Spielraum und der Angeklagte

5 müsse nach dem vollen Umfange seiner Schuld gerichtet werden. Am

---

[2]) Er war aus Spanien gebürtig und hatte sich als Proconsul in Africa nicht nur große Erpressungen, sondern auch anderweitige Gewaltthaten und Rechtsverletzungen zu Schulden kommen lassen. Als ihn die Provinzialen deßhalb in Rom verklagten, hielt er bei der Offenkundigkeit seiner Verbrechen jede Vertheidigung für aussichtslos und bat daher um eine Senatscommission, um sich richten, d. h. die Reclamationen abschätzen und die Strafe aussprechen zu lassen, welche bereits nach Gesetzen, die noch zur Zeit der Republik erlassen worden, das Vierfache des Schadens betrug. Damit hoffte Priscus einer näheren Untersuchung seiner sonstigen, gegen Einzelne geübten Verbrechen und einer weitern als einer bloßen Geldstrafe zu entgehen. Denn durch die Gewährung seines Gesuches würde der Criminalproceß in einen privatrechtlichen verwandelt worden sein und mit der Rückerstattung der erpreßten Gelder geendet haben. Deßhalb behauptete denn auch die Partei des Marius Priscus, nach eingeleiteter Untersuchung wegen der Erpressungen habe der Senat sich nach dem Gesetze nicht weiter mit der Sache zu beschäftigen, weil der Proceß bereits nicht mehr ein crimineller, also der Jurisdiction des Senates enträckt sei.

Ende äußerte der designirte Consul Julius Ferox[3]), ein gerader und
unsträflicher Mann, seine Ansicht dahin, Marius solle zwar einstweilen
die Richter erhalten, allein man solle Diejenigen vorladen, an die er die
Verurtheilung Unschuldiger verkauft haben solle.   Diese Ansicht kam 6
nicht nur vorwiegend zur Geltung, sondern gewann überhaupt nach
vielem Hin- und Herreden allein zahlreiche Unterstützung, und es ist
ja durch die Erfahrung bekannt, daß Gunst und Mitleid zwar anfangs
hell und heftig auflodern, allgemach aber das Feuer, durch Vernunft und
Ueberlegung gedämpft, sich legt.   Daher kommt es, daß Das, wozu sich 7
Viele im wirren Geschrei bekennen, Niemand, wenn die Andern schweigen, aussprechen will; denn erst, wenn der ganze Schwarm sich ab-
löst, gewinnt man für die ruhige Beschauung der Dinge, die sich unter
der Masse verstecken, freien Gesichtskreis.   Es erschienen auf geschehene 8
Ladung Vitellius Honoratus und Flavius Marcianus.   Von ihnen
wurde Honoratus beschuldigt, die Verbannung eines römischen
Ritters und den Tod von sieben Freunden desselben für 300,000,
Marcianus, die mehrfache Bestrafung eines einzigen römischen Ritters
für 700,000 Sesterzien[4]) erkauft zu haben: er war nämlich mit
Stockschlägen belegt, zur Bergwerksarbeit verurtheilt[5]) und im Ge-
fängniß erdrosselt worden.   Allein den Honoratus entzog ein recht- 9
zeitiger Tod der Untersuchung des Senates, Marcianus aber wurde
in der Abwesenheit des Priscus vorgeführt.   Nun beantragte der
Consular Tuccius Cerealis nach dem Rechte der Senatoren[6]), den
Priscus davon in Kenntniß zu setzen, sei es nun, weil er meinte, derselbe würde, wenn er zugegen wäre, das Mitleid oder vielleicht auch

---

[3]) Also schon vor der eigentlichen Proceßverhandlung im Jahre 99, in dessen
erster Hälfte Julius Ferox designirter, in der zweiten fungirender Consul war.
Im Jahre 101 war er Oberaufseher über die Regulirung des Flußbettes des
Tiber; in einem Briefe an Trajan (87. 3) erwähnt Plinius ihn als Statthalter.
Ob VII. 13 an ihn geschrieben, muß unentschieden bleiben.

[4]) 300,000 Sesterzien = etwas über 21,000 Thaler, 700,000 Sesterzien
= etwas über 50,000 Thaler.

[5]) Zu der gefahrvollen Bergwerksarbeit wurden anfangs, weil sich freie
Männer zu derselben nicht fanden, nur Sclaven verwendet; mit dem Ende der
Republik wurden auch schwere Verbrecher dazu verurtheilt, eine Strafe, die nahe
an die Todesstrafe grenzte.

[6]) Jeder Senator hatte das Recht, Anträge zu stellen.

den Haß steigern, oder, was mir das Wahrscheinlichste ist, weil es nicht mehr als recht und billig war, daß beide sich gegen die gemeinsame Beschuldigung vertheidigten und, falls sie dieselbe nicht widerlegen könnten, an beiden die Schuld gerochen werde. Die Sache wurde bis auf die nächste Senatssitzung vertagt, und schon der äußere Anblick derselben war ein imposanter. Der Kaiser präsidirte als Consul; es war Januar, ein Monat, der, wie in anderer Hinsicht, so durch die Vollzähligkeit des Senats seine besondere Feierlichkeit hat; überdieß hatte die Bedeutung des Processes, die durch die Vertagung gesteigerte Spannung, das Tagesgespräch und der den Menschen angeborne Trieb, etwas Bedeutendes und Ungewöhnliches zu sehen, die Menge von allen Orten herbeigelockt. Nun denke Dir, in welcher Beklemmung, in welch' ängstlicher Stimmung wir waren, die über eine Sache von solcher Wichtigkeit vor dieser Versammlung, in des Kaisers Gegenwart sprechen sollten. Ich bin mehr als einmal vor dem Senate aufgetreten, ja ich finde in der Regel nirgends gleich freundliche Zuhörer; allein damals erregte Alles, weil ungewohnt, eine ungewohnte Beklommenheit in mir. Außer dem eben Erwähnten schwebte die Sache in ihrer ganzen Schwierigkeit mir vor der Seele: da stand er, der eben noch Consular, eben noch einer der sieben Opferfestpriester [7]) und nun keines von beiden war. Es war demnach keine geringe Aufgabe, einen Mann anzuklagen, dessen Urtheil schon gesprochen war und den, ob er gleich unter der Last seines grausen Verbrechens erlag, dennoch das Mitleid hielt, welches die gewissermaßen schon vollzogene Verurtheilung erregte. Doch nahm ich Gedanken und Fassung, so gut es gehen wollte, zusammen und begann meine Rede unter nicht geringerem Beifall meiner Zuhörer als großer innerer Beklemmung; ich sprach nahe an fünf Stunden. Denn zu den zwölf reichlichen Zeitmessern, die man mir bewilligt hatte, wurden noch

---

[7]) Als die Amtsobliegenheiten der Priester, zumal wegen der zunehmenden Opfer und Opferschmäuse, in's Maßlose wuchsen, wurde im Jahre 196 v. Chr. das Collegium der drei Opferfestpriester gestiftet, welches später zu neun Mitgliedern erweitert wurde. Zunächst hatten sie den Opferschmaus des Jupiter auf dem Capitol zu besorgen, dann aber wurden ihnen auch die öffentlichen Volksspeisungen bei vielfachen feierlichen Gelegenheiten übertragen.

vier zugelegt [8]). Selbst das, was mir vor der Rede [9]) erschwerend und hinderlich erschien, erwies sich während derselben als förderlich. Der Kaiser selbst zeigte so viel Aufmerksamkeit, so viel Wohlwollen 15 (Besorgniß wäre zu viel gesagt) gegen mich, daß er mich wiederholt durch meinen hinter mir stehenden Freigelassenen erinnern ließ, ich möge meine Stimme und meine Brust schonen; denn er dachte, ich strenge mich mehr an als meine zarte Constitution gestatte. Gegen mich sprach für Marcianus Claudius Marcellinus. Darauf wurde 16 die Sitzung geschlossen, um am nächsten Tage wieder zusammen zu treten; denn die Verhandlung konnte nicht wieder aufgenommen werden, ohne durch die einbrechende Nacht zerrissen zu werden. Am 17 folgenden Tage sprach für Marius Salvius Liberalis [10]), ein dialektisch scharfer, logischer Kopf und feuriger, beredter Mann, und gerade in dieser Sache entfaltete er seine ganze Kunst. Gegen ihn sprach Cornelius Tacitus mit der höchsten Beredtsamkeit und jener Majestät, die seiner Rede ihr eigenthümliches Gepräge gibt. Dann trat wieder 18 für Marius Fronto Catius mit einer vorzüglichen Rede auf, und zwar füllte er die ihm zugemessene Zeit, wie es der Stand der Dinge ja schon nicht anders zuließ, mehr mit Fürbitten als mit einer eigentlichen Vertheidigung aus. Seine Rede erstreckte sich bis in den späten Abend, ohne jedoch von demselben beeinträchtigt zu werden. So dehnte sich die Beweisführung bis auf den dritten Tag hinaus. Wie schön und ganz in altem Geiste war schon Das, daß der Senat erst mit der Nacht entlassen, drei Tage nach einander berufen wurde, drei Tage in voller Sitzung blieb. Der designirte Consul Cornutus Tertullus, ein herr- 19

---

[8]) Sowohl in Athen als in Rom bediente man sich bei Gerichtsverhandlungen als Zeitmessers eines Thongefäßes. Dieses, mit Wasser gefüllt und unten durchbohrt, wurde auf einen Dreifuß gestellt, unter welchem ein Krug stand, in welchen das Wasser in einer gewissen Zeit abtropfte. In der gerichtlichen Praxis wurde die Zeit, welche dem Redner für die Dauer seiner Rede bewilligt war (vgl. Anm. 9 zu I. 20), nicht nach der Uhr, sondern nach diesen thönernen Zeitmessern, welche den Namen Klepsydra führten, bestimmt. Da Plinius während des Ablaufs von 16 Klepsydern redete und die Dauer der Zeit auf 5 Stunden angiebt, so gingen etwa vier solcher reichlichen oder großen Klepsydern auf eine Stunde.

[9]) Von der künftigen Herausgabe dieser Rede handelt II. 19.

[10]) Er wird auch III. 9, 33 und 36 genannt und zählte zu den besten Rednern seiner Zeit (vgl. Suetons Kaiserbiographien, Vespasian 13).

licher und für die Wahrheit einstehender Mann, trug an, die 700,000 Sesterzien, die Marius abgetragen, im Staatsschatze niederzulegen, Marius selbst aus der Stadt und aus Italien zu verweisen, den Marcianus aber obendrein aus Afrika. Am Schlusse seines Votums fügte er hinzu: da ich und Tacitus der uns aufgetragenen Vertretung treu und männlich entsprochen, so erkläre der Sen t den uns gewordenen
20 Auftrag für in würdiger Weise gelöst. Ihm traten die designirten Consuln bei, auch alle Consularen bis auf Pompejus Collega; dieser trug an, sowohl die 700,000 Sesterzien im Staatsschatze niederzulegen, als auch den Marcianus auf fünf Jahre an einen bestimmten Ort zu verbannen, und hinsichtlich des Marcius es bei der Strafe der Wiedererstattung, die er bereits gebüßt habe, bewenden zu lassen.
21 Beide Anträge fanden vielfache Unterstützung, die Mehrzahl war jedoch wol für den letztern, weil er, ich weiß nicht ob der weniger entschiedene, oder der gelindere war. Denn Einige selbst von Denen, welche, wie es schien, bereits dem Cornutus zugestimmt hatten, erklärten sich noch
22 für Collega, der nach ihnen abgestimmt hatte. Aber als es zum Stimmengange[11]) kam, schlugen sich die, welche an den Sitzen der Consuln gestanden hatten, zum Antrage des Consuls über. Darauf traten die, welche sich für Collega's Antrag zählen ließen, auf die entgegengesetzte Seite über, und Collega blieb mit Wenigen allein. Dieser beklagte sich später über Die, welche ihn angestiftet hatten, vorzugsweise über Regulus[12]), der ihn bei dem Antrage, den er selbst ihm eingegeben, im Stich gelassen habe. Regulus ist überhaupt ein so ungleicher Charakter, daß er einmal die Kühnheit, das andere Mal
23 die Aengstlichkeit auf die Spitze treibt. Das war also der Ausgang dieser glanzvollen Verhandlung. Doch ist noch ein hübsches hors d'oeuvre[13]) übrig, nämlich Hostilius Firminus, Marius Priscus' Legat, der, in die Sache mitverwickelt, schwer und schlimm compro-

---

11) Um bei zweifelhaften Abstimmungen zu einem festen Resultate zu gelangen und die Stimmen für die entgegenstehenden Ansichten genau und leicht zählen zu können, forderte der Vorsitzende die Senatoren auf, ihre Sitze zu verlassen und an zwei von ihm bezeichneten Stellen sich je nach dem abzugebenden Votum aufzustellen.
12) Vgl. Anm. 2 zu I. 5.
13) d. h. ein hübsches Stück Nebenarbeit.

mittirt ist. Denn es stellte sich sowohl aus den Rechnungen des Marcianus, als aus einer Rede, die jener im Rathe der Leptitaner [14]) gehalten, heraus, daß er dem Priscus seine Dienste zu dem unsittlichsten Geschäfte geliehen und sich vom Marcianus 50,000 Denare [15]) ausbedungen und außerdem persönlich 10,000 Sesterzien unter dem schmachvollsten Vorwande und unter dem Namen eines Salbengeldes [16]), (ein Titel, der ganz hübsch zu dem Leben des immer geschniegelten und gebügelten Menschen stimmte), empfangen habe. Es ist auf Cornutus' An- 24 trag beschlossen, seine Sache in der nächsten Senatssitzung zum Vortrag zu bringen; denn damals, ob nun zufällig oder bewußt, war er abwesend gewesen. Da hast Du unsere Stadtneuigkeiten; schreibe Du mir 25 dafür die vom Lande: wie stehen Deine Baumpflanzungen, Deine Weinberge, Deine Saaten, und was machen Deine reizenden Schäfchen? Kurz, wenn Du mir nicht einen ebenso langen Brief schreibst, so darfst Du später auch nur einen ganz kurzen erwarten. Lebe wohl!

12.
C. Plinius an Arrianus.

Jenem hors d'oeuvre [1]), welches vom Processe des Marius Priscus, wie ich Dir schrieb, übrig geblieben war, sind, wenn vielleicht auch nicht in gehöriger Weise, wenigstens doch die Flügel beschnitten und gestutzt worden. Firminus wurde vor den Senat geführt und 2 vertheidigte sich gegen die bekannte Beschuldigung Die darauf folgenden Anträge der designirten Consuln lauteten verschieden: Cornutus Tertullus schlug vor, ihn aus dem Senate zu stoßen; Acutius Nerva, ihn bei der Verlosung der Provinzen nicht zu berücksichtigen [2]). Dieser

---

[14]) Bewohner von Leptis, einer Stadt an der afrikanischen Küste.
[15]) Ueber 14,000 Thaler; 10,000 Sesterzen = 725 Thaler.
[16]) Die römischen Beamten in den Provinzen waren hinsichtlich des Vorwandes, unter dem sie Geld von den Provinzialen erpreßten, nicht eben bedenklich. Firminus verlangte jene Summe zur Bestreitung seines Bedarfs an Salben.
12. [1]) Vgl. Anm. 13 zu II. 11.
[2]) Seit Augustus stand ein Theil der Provinzen unmittelbar unter dem Kaiser, der andere unter dem Senat. Die Verwalter jener wurden vom Kaiser ernannt und führten als solche den Namen Legaten (in den größern) oder Procuratoren (in den kleineren Provinzen); in die senatorischen Provinzen wurden dagegen Ver-

Antrag wurde als der mildere angesehen und ging durch, während
3 er doch in jeder anderen Beziehung der härtere und herbere ist. Denn
was ist trübseliger, als abgeschnitten und ausgeschlossen von den
Ehren des Senatorenstandes all dessen Mühsal und Beschwerden tragen
zu müssen [3])? was drückender, als, mit solcher Schmach angethan, nicht
in einsamer Verborgenheit sich den Augen der Menschen entziehen zu
können, sondern auf dieser ragenden Höhe [4]) sich den Blicken Aller
preisstellen zu müssen und mit Fingern auf sich weisen zu lassen?
4 Ferner, was kann für das öffentliche Leben weniger passend, weniger
ehrenhaft sein? vom Senate gebrandmarkt im Senate zu sitzen? gerade
denen, von denen man gebrandmarkt ist, gleichgestellt zu sein? vom
Proconsulate ausgeschlossen, weil er sich als Legat schmachvoll benommen, über Proconsuln zu Gericht zu sitzen, und wegen entehrenden
Erwerbes verurtheilt, Andere zu verurtheilen oder freizusprechen?
5 Allein so beliebte die Majorität. Denn man zählt die Stimmen und
wägt sie nicht; und es kann ja in einem Staatsrathe nicht anders
sein, bei welchem die größte Ungleichheit eben in der Gleichstellung
6 liegt. Haben doch trotz ungleicher Einsicht alle das gleiche Recht. Ich
habe mein Versprechen gelöst und mein in meinem letzten Briefe ge-
gebenes Wort gehalten. Du wirst ihn ja, nach der Länge der Zeit
zu schließen, erhalten haben; denn ich gab ihn einem raschen und
pünktlichen Boten [5]); es müßte ihm denn unterwegs irgend ein Hinder-
7 niß aufgestoßen sein. Nun ist es an Dir, zunächst Dich für jenen,
dann für diesen mit einem Briefe zu revanchiren, wie Du ihn ja von
dort so reichhaltig schreiben kannst. Lebe wohl!

---

walter (Proconsuln) nach dem Loose gesandt, und zwar nach Afrika und Asien gewesene Consuln, in die übrigen gewesene Prätoren.
3) Vgl. Anm. 5 zu I. 14.
4) Nämlich des Senatorenstandes.
5) Die vornehmen Römer hielten sich zur Beförderung ihrer Briefe eigene
Briefträger; doch beförderten sie ihre Briefe auch durch Gelegenheiten, und zwar
entweder durch die Briefboten ihrer Freunde oder durch die der Steuerpächter in
die Provinzen, oder in der Kaiserzeit durch die Staatspost, abgesehen natürlich
von freundlichen Besorgungen reisender Freunde, Verwandten und Bekannten.
Expresse Boten kommen nur bei dringenden Fällen vor (vgl. III. 17. 2).

13.
C. Plinius an Priscus[1]).

Wie Du jede Gelegenheit, mich Dir zu verbinden, mit Freuden ergreifst, so bin ich Niemandes Schuldner lieber als der Deinige. Also aus doppeltem Grunde habe ich gerade Dich um etwas zu bitten 2 beschlossen, was ich so sehr erreicht zu sehen wünsche. Du gebietest über ein höchst ansehnliches Heer; Dir stehen deßhalb reichliche Mittel zum Wohlthun zu Gebote, und überdieß hast Du eine lange Zeit gehabt, um Deine eigenen Freunde ehrenvoll emporzuheben. Jetzt wende 3 Dich einmal den meinigen zu; es sind ihrer nicht viele. Dir zwar wären viele willkommener, aber meine Bescheidenheit begnügt sich mit einem oder dem anderen, oder vielmehr mit einem einzigen; und das soll Voconius Romanus sein. Sein Vater war ein im Ritterstande 4 angesehener Mann, noch angesehener ist sein Stiefvater oder vielmehr sein zweiter Vater; denn auch die Erbschaft dieses Namens hat er durch dessen väterliche Zuneigung angetreten. Seine Mutter ge ört zu den besten Frauen des diesseitigen Spaniens; Du weißt, welche Intelligenz, welch eine sittliche Ehrenhaftigkeit in dieser Provinz herrscht[2]). Er 5 war vor kurzem Flamen[3]). Mit ihm war ich, als wir zusammen studirten, durch Achtung und Freundschaft innig verbunden. Er war mein Umgang in der Stadt, er mein Hausfreund in der ländlichen Zurückgezogenheit, mit ihm theilte ich Ernst und Scherz. Denn wo 6 gäbe es einen treueren Freund, einen angenehmeren Gesellschafter als ihn? Er hat etwas auffallend Anmuthiges im Gespräch, ja in seinem Gesicht und in seinen Zügen sogar. Dabei ist er ein hochstrebender, 7 feiner, einnehmender, gewandter Kopf, und in Rechtsverhandlungen bewandert; Briefe schreibt er, daß man glauben sollte, die Musen selbst redeten Lateinisch. So sehr ich ihn liebe, so bleibt er doch in seiner 8 Liebe zu mir nicht zurück. Ich habe mich schon in unsern jungen

13. [1]) An diesen sind auch VI. 8, VII. 8 und 19 gerichtet. Wahrscheinlich ist der Adressat A. Neratius Priscus, welcher damals Legat (d. h. Verwalter einer kaiserlichen Provinz, vgl. Anm. 2 zu II. 12) von Pannonien war.
[2]) Vgl. Anm. 4 zu I. 14.
[3]) Opfer- und Eigenpriester irgend eines Gottes oder vergötterten Kaisers.

Jahren, so weit ich es bei meinem Alter konnte, eifrigst seiner angenommen und vor kurzem noch bei unserm gnädigsten Kaiser [4]) das
Dreikinderrecht für ihn erwirkt [5]). So sparsam und mit Auswahl
dieser auch dabei verfährt, so hat er es mir doch, als wäre es seine
9 eigene Wahl, bewilligt. Diese Verdienste von meiner Seite kann ich
auf keine Weise besser behaupten, als dadurch, daß ich neue hinzufüge,
zumal da er selbst jene so dankbar aufnimmt, daß er schon während er
10 die alten empfängt, sich Ansprüche auf neue erwirbt. Nun weißt Du,
was Romanus, wie bewährt und theuer er mir ist; und so bitte ich
Dich denn, ihn nach Deinem Ermessen und Vermögen zu befördern.
Vor allem aber schenke ihm Deine Liebe; denn, magst Du ihm auch
das Höchste gewähren, etwas Höheres kannst Du doch nicht geben, als
Deine Freundschaft. Und damit Du besser einsehest, daß er dieselbe
bis zur herzlichsten Vertrautheit zu würdigen weiß, habe ich Dir eben
seine wissenschaftliche Bildung, seinen sittlichen Charakter, sein ganzes
11 Thun und Wesen kurz geschildert. Ich würde mich noch weiter in

---

[4]) Also war der Kaiser (Nerva) seitdem gestorben; demnach ist der Brief im
Jahre 98 oder 99 geschrieben.

[5]) Ehelosigkeit wurde zu Rom schon in alter Zeit als tadelnswerth und sogar
als strafbar angesehen. Anfangs wachten die Censoren über Verhütung und Bestrafung der Ehe- und Kinderlosigkeit. Als aber deren Ansehen gesunken war,
suchte Kaiser Augustus dem Uebel durch Gesetze abzuhelfen. Danach erhielten Ehe-
lose gar keine Erbschaften und Legate, Kinderlose nur die Hälfte derselben. Dagegen wurden den verheiratheten und mit Kindern gesegneten Personen allerlei
Vortheile und Privilegien zugesprochen. So bekamen die Verheiratheten bessere
Plätze im Theater. Natürlich waren schon diejenigen, welche auch nur ein Kind
besaßen, von den Nachtheilen der Kinderlosen befreit; aber um Belohnungen zu
erlangen, mußten sie wenigstens drei, die außerhalb Roms in Italien Wohnenden
wenigstens vier, die in den Provinzen Angesessenen sogar fünf Kinder besitzen.
Die Belohnungen waren sehr mannigfach: im öffentlichen Leben verlieh das Dreikinderrecht Vorzug bei Amtsbewerbungen, Nachlaß von fehlenden Jahren bei denselben, Vorrang von Andern sonst gleichen Ranges, Befreiung von lästigen Aem-
tern, wie denen eines Vormundes, Richters u. s. w. Im Strafrecht gab es zuweilen Veranlassung zu Strafmilderungen, im Privatrecht war es mit erbrechtlichen
Vortheilen, sogar für die Frauen, verbunden. Doch wurde gar bald das Dreikinderrecht selbst an Kinderlose von den Kaisern nebst allen damit verbundenen
Vergünstigungen ertheilt. So erhielt es Plinius selbst von Trajan (Briefe an
Trajan 2), so wurde es von Plinius, wie hier für Voconius Romanus bei
Nerva, für Suetonius Tranquillus bei Trajan erbeten (vgl. an Trajan 94
und 95).

meiner Bitte ergehen, wenn du ein langes Bitten liebtest, und wenn nicht mein ganzer Brief eine Bitte wäre: denn es ist ja schon eine Bitte, und zwar die allerwirksamste, wenn man die Gründe seiner Bitte vorlegt. Lebe wohl!

14.
C. Plinius an Maximus [1]).

Deine Vermuthung ist ganz richtig: ich bin völlig gebunden durch die Processe bei dem Centumviralgerichte [2]), die mir mehr Plage als Vergnügen machen. Denn meistentheils sind sie unbedeutend und unerquicklich; nur selten kommt etwas vor, was durch den Glanz der Parteien oder die Wichtigkeit des Objectes größeres Interesse böte. Dabei sind der Männer so wenige, mit denen man gern auftritt; alles 2 Uebrige sind übermüthige und noch dazu zum großen Theile unbekannte junge Burschen, die sich hierhin überschlagen, um ihre Schulübungen zu halten, und das in einer so scham- und rücksichtslosen Weise, daß ich denke, unser Atilius [3]) habe den Nagel auf den Kopf getroffen, wenn er sagt, die Buben machten auf dem Markte in den Centumviralprocessen ebenso ihre Erstlingsstudien, wie mit dem Homer in der Schule. Denn dort wie hier fängt man gleich mit dem Schwierigsten an. Dagegen 3 hatten, meine ich, vor unserer Zeit (so hören wir ja oft bejahrtere Männer erzählen) nicht einmal die jungen Leute aus den ersten Familien hier Zutritt, sie wären denn durch irgend einen Consularen persönlich eingeführt [4]); mit solcher Ehrerbietung behandelte man die-

---

14. [1]) An ihn sind noch III, 2. V, 5. VI, 11 und 34. VIII, 19 und 24. IX, 1 und 28 gerichtet. Vielleicht ist es Messius Maximus, an den IV, 25. geschrieben ist: Maximus scheint nämlich politischer Vertrauter des Plinius gewesen zu sein.
[2]) vgl. Anm. 6 zu I, 5.
[3]) vgl. Anm. 5 zu I, 9.
[4]) Der junge Römer wurde, wenn er die Toga angelegt hatte (vgl. Anm. 1 zu I, 9.), also bei seinem Eintritte in das bürgerliche Leben, von dem Vater oder einem Verwandten irgend einem anerkannten Staatsmanne zu weiterer praktischer Ausbildung übergeben und gehörte von dieser Zeit an zu dessen Gefolge. Er begleitete diesen Staatsmann auf dessen amtlichen Wegen und zu dessen amtlichen Functionen und erhielt, durch diesen empfohlen, wol auch die erste Gelegenheit öffentlich aufzutreten.

4 ſes herrliche Inſtitut. Jetzt aber ſind die Schranken des Zartgefühls und der Rückſicht gewichen, und Allen ſteht Alles frei; nicht mehr von Einführung, ſondern von Einbruch iſt die Rede. Dazu geſellt ſich ein Auditorium, ganz den Rednern ebenbürtig, erkauft und erdungen; man verhandelt mit dem Makler [5]), und mitten in der Baſilika [6]) werden, wie in einem Speiſeſaale, ganz offen die Sporteln [7]) gezahlt; für den-
5 ſelben Lohn geht es von einer Gerichtsverhandlung zur anderen. Daher bezeichnet ſie der Volkswitz bereits als Bravados [8]) und iſt ihnen der
6 heimiſche Name Lobenſteiner [9]) auferlegt. Und doch nimmt dieſe in zwei Zungen an den Pranger geſtellte Scheußlichkeit von Tag zu Tag zu. Geſtern wurden zwei meiner Nomenclatoren [10]) (freilich eben ſo alt, daß ſie etwa ſich hätten in die Toga kleiden können [11]) zum Bravo-

---

[5]) Dem Director der Claque, die durch Geldzahlungen, Mahlzeiten oder Kleidungsſtücke zum Beifallſchreien gedungen wurde.

[6]) Die Baſilica Julia, wo die Centumvirn ihr Gericht hielten (vgl. Anm. 6 zu I, 5.).

[7]) Den Clienten wurde als Dank und Anerkennung für ihre Morgenbeſuche und andere Dienſte der Unterthänigkeit anfangs eine Mahlzeit, ſpäter Geld, und zwar durchſchnittlich täglich 10 Seſterzien (etwa 21 Sgr.) gezahlt. Manchmal wurde denſelben und andern, ſelbſt vornehmeren Beſuchern nach der Mahlzeit ein Geldgeſchenk im Speiſeſaale verabreicht. Sowohl dieſe Mahlzeiten, als auch die Bezahlung derſelben in Geld führten den Namen sportulae.

[8]) Doppelſinnig mit Anſpielung auf das Bravorufen. Der römiſche Volkswitz nannte ſie Sophoklesſe, mit Anſpielung auf den Griechiſchen Tragiker Sophokles, was für die um die Regeln der Wortbildung Unbekümmerten eben die Claqueurs (die σοφῶς, d. h. Bravo Rufenden) bezeichnen ſollte. Ein ausländiſches Wort mußte ſchon wegen des folgenden Satzes gewählt werden.

[9]) Auch hier hat der römiſche Volkswitz, welcher den gedungenen Schreiern doppelſinnig den Namen „Laodicener", d. h. zugleich Bewohner von Laodicea, einer kleinaſiatiſchen Stadt, und Lobredner der Mahlzeit, durch die ſie beſtochen wurden, beilegte, nur annähernd wiedergegeben werden können, indem die reußiſche Stadt zugleich mindeſtens das Lob des Steinweins andeuten konnte.

[10]) Die vornehmen Römer hielten ſich, theils um die ihnen Begegnenden bei Namen nennen und ihnen etwas Paſſendes und Verbindliches ſagen, theils um die zahlreichen Beſuche im eigenen Hauſe anreden zu können, beſondere mit dieſem Namen bezeichnete Sklaven, deren eigentliche Aufgabe es war, die Namen aller zu wiſſen und dem Herrn anzugeben.

[11]) Vgl. Anm. 1 zu I. 9. Die Angabe des jugendlichen Alters wird beigefügt, weil gerade die Jugend die Vorleſungen und ſonſtigen Schauſtellungen der Mode am zahlreichſten beſuchte (vgl. Anm. 2 zu II, 5.). Plinius will ironiſch andeuten, ſie ſeien eben ſo alt geweſen wie die Redner.

schreien geschleppt. So viel kostet's, ein großer Redner zu sein. Um
diesen Preis füllen sich die Bänke, so viele ihrer auch sind; um diesen
Preis wird der gewaltige volle Kranz der Hörer um den Redner ge-
schlungen, um diesen Preis ein endloses Beifallsgeschrei erhoben, so- 7
bald der préchantre [12]) das Zeichen gibt; denn eines Zeichens bedarf
es bei Menschen, die nichts verstehen, nicht einmal etwas hören. Näm- 8
lich die Mehrzahl hört nichts, und gerade diese sind die besten Schreier.
Gehst Du einmal durch die Basilika vorüber und willst wissen, wie
einer spricht, so brauchst Du Dich nicht etwa an das Tribunal heran-
zubemühen, nicht etwa aufzumerken; die Lösung ist leicht: verlaß Dich
darauf, daß Der der erbärmlichste Redner ist, der am lautesten gelobt
wird. Der erste, welcher diese Art von Zuhörern einführte, war Lar- 9
gius Licinus [13]). Doch ging dieser nur so weit, sich sein Auditorium
zusammenzubitten: wenigstens erinnere ich mich, es so von meinem Leh- 10
rer Quintilianus [14]) gehört zu haben. Er erzählte mir nämlich: „ich
befand mich im Gefolge des Domitius Afer [15]); als dieser eben vor
den Centumvirn würdevoll und langsam redete (denn es war so seine
Art), hörte er in der Nähe ein maßloses, ungewöhnliches Geschrei.
Verwundert darüber hielt er inne. Sobald es wieder ruhig geworden
war, knüpfte er wieder an, wo er abgebrochen hatte. Neues Geschrei 11
und neues Verstummen, und nach hergestellter Ruhe begann er zum
dritten Male. Endlich fragte er, wer der Redner sei, und erhielt die
Antwort: Licinus. Da brach er die Sache ab und sprach: „Centumvirn, mit unserer Kunst ist es vorbei" [16]). Was übrigens schon 12
zu schwinden begann, als Afer es für geschwunden hielt, das ist
jetzt in Wahrheit fast bis auf die letzte Spur erloschen und zerstört.
Ich schäme mich zu erzählen, was und in welch' unmännlichem Vor-
trage gesprochen, mit welchem und welch kindischem Geschrei es aufge-

---

[12]) d. h. der Vorsänger, der Oberclaqueur.
[13]) Also noch zu Plinius' Zeit; denn Largius Licinus war dessen Zeitgenosse (vgl. II, 5. 17.).
[14]) Der große Professor der Redekunst unter Domitian.
[15]) Quintilian (X, 1. 118. XII, 11, 3.) nennt ihn mit Julius Africanus
den bedeutendsten Redner seiner Zeit, den man unbedenklich den alten Rednern an
die Seite stellen könne. Er bekleidete im Jahre 37 n. Chr. das Consulat und
starb im Jahre 59.
[16]) Ueber diese Störungen bei den Centumviralgerichten vgl. Anm. 6 zu I, 5.

13 nommen wird. Nur noch das Händeklatschen, oder vielmehr nur Pau-
ten und Trompeten fehlen noch zu diesem Gezwitscher; des Geheules
(denn ein selbst im Theater unziemlicher Beifall kann mit keinem anderen
14 Ausdrucke bezeichnet werden) ist über und über genug. Mich hält und
fesselt nur noch das Interesse meiner Freunde, und die Rücksicht auf
meine eigenen Jahre; denn ich fürchte, es möchte den Anschein haben,
als zöge ich mich nicht sowohl vor diesen Unwürdigkeiten zurück, sondern scheue mich vielmehr vor der Arbeit. Doch mache ich mich seltener
als früher und fange so an, mich allmählich zurückzuziehen. Lebe
wohl!

15.
C. Plinius an Valerianus [1].

Wie stehst Du zu Deinen alten Marsern? [2] wie zu Deinem neuen
Ankauf? Gefallen Dir die Güter, seitdem sie Dein eigen sind? Das ist
freilich selten der Fall: denn was man erlangt hat, scheint nie so schön,
2 als was man erstrebte. Mit mir gehen meine mütterlichen Erbgüter
nicht gerade glimpflich um; doch habe ich meine Freude daran, weil sie
eben von meiner Mutter stammen, und bin auch sonst durch das lange
Mitansehen unempfindlich geworden. Das ewige Klagen führt doch
endlich dahin, daß man des Klagens überdrüssig wird. Lebe wohl!

16.
C. Plinius an Annianus.

Du gibst mir bei Deiner auch sonst bekannten Genauigkeit die
Weisung, daß das Codicill [1] des Acilianus, der mich zum theilweisen

---

15. [1] An ihn sind noch V, 4. und 14. gerichtet.

   [2] Es ist wohl ein Landgut im Marserland (am heutigen Lago di Celano)
gemeint, zu dem Valerian ein neues Gut gekauft oder vielmehr das alte durch
Ankauf erweitert hatte.

16. [1] Codicille sind Briefe oder Billete in Form kleiner Wachstafeln, vom Testator zur Ergänzung des Testamentes an den im Testamente eingesetzten Haupt-
erben oder die Erben überhaupt gerichtet, welche die Bitte enthielten, über einzelne
Theile der Erbschaft nach dem Wunsche des Testators zu verfügen, ein Legat aus-
zuzahlen oder ein Fideicommiß zu vollstrecken, Sklaven freizulassen, ein Monument

Erben eingesetzt hat, für null und nichtig zu halten sei, weil es nicht durch das Testament bestätigt worden. Dieses Gesetz ist selbst mir 2 nicht unbekannt, da es sogar Solche kennen, die sonst nichts gelernt haben. Aber ich habe mir so meinen besonderen Grundsatz aufgestellt, nämlich den letzten Willen Verstorbener, selbst wenn das geschriebene Recht nicht auf seiner Seite steht, wie einen vollkommen gültigen aufrecht zu erhalten. Nun steht es aber außer Zweifel, daß jenes Cobicill von Acilianus eigenhändig niedergeschrieben ist. Mag es nun gleich 3 durch das Testament nicht bestätigt werden, so werde ich es doch, als wäre es bestätigt, beobachten, zumal da für einen Denuncianten [2]) kein Anhalt ist. Denn wenn ich fürchten müßte, das, was ich von der 4 Erbschaft abgäbe, von Staatswegen wieder genommen zu sehen, so würde ich vielleicht bedächtiger und vorsichtiger zu Werke gehen müssen; da aber der Erbe das, was bei der Erbschaft überschießt, getrost verschenken darf, so kann meinem Grundsatze, dem die öffentlichen Gesetze nicht entgegen sind, nichts im Wege stehen. Lebe wohl!

---

zu errichten; nicht selten enthielten sie auch Bestimmungen über die Art der Bestattung des Testators und andere Befehle. Die juristische Gültigkeit derselben soll zuerst Augustus anerkannt haben, jedoch nur für den Fall, daß im Testament darauf Bezug genommen und sie durch dasselbe im Voraus bestätigt wären. Nun hatte der in Geldsachen äußerst genaue Annianus den Plinius darauf hingewiesen, daß das Cobicill des Acilianus, der den Plinius zum Erben eingesetzt hatte, als nicht vorhanden zu betrachten sei, weil es durch das Testament nicht bestätigt sei; Plinius könne also die ganze ihm im Testamente vermachte Erbschaft beanspruchen, ohne dieselbe durch Auszahlung der im Cobicill bestimmten Legate u. s. w. zu schmälern. Plinius weist diese unredliche Insinuation in bitterm Tone ab.

[2]) Die Zahl und Unverschämtheit der Denuncianten unter den Kaisern war zumal seit der Zeit gewachsen, wo denselben für gewisse Arten der Denunciation außer der Gunst Derer, welche auf die Horcher und Spione ihre Macht und Größe bauten, besondere Belohnungen, Antheile an dem dem Staatsfiscus in Folge der Denunciation zufallenden Geldern ausgesetzt waren. Dieß war besonders der Fall bei solchen Erbschaften, welche in Cabucität verfallen waren, weil kein gesetzlich berechtigter Erbe vorhanden war, so daß dieselbe für den kaiserlichen Fiscus eingezogen werden konnten. In dem Falle des Plinius war für die Nachweisung einer solchen Cabucität kein Anhalt selbst für den gewandtesten Denuncianten zu finden, da Plinius die von Acilianus im Cobicill bestimmten Legate nicht als solche, sondern in der Form von Geschenken an Diejenigen, für welche sie der Verstorbene bestimmt hatte, auszahlen konnte, um allen Denunciationen zu entgehen.

17.
C. Plinius an Gallus.

Du fragst verwundert, weßhalb ich so große Freude an meinem Laurentinischen [1]) oder, wenn Du es so lieber hörst, an meinem Laurentischen Landgute habe. Deine Verwunderung wird schwinden, wenn Du die Anmuth dieses Landsitzes, die Oertlichkeit und das Meeresufer
2 in seiner ganzen Ausdehnung näher kennen lernst. Es ist 17 Millien [2]) von der Stadt [3]) entfernt, so daß man nach Beseitigung seiner Obliegenheiten, ohne dem Tage etwas zu entziehen und mit vollkommener Ausnutzung desselben dort bleiben kann. Man gelangt auf mehr als einem Wege dahin: denn die laurentinische und ostiensische Straße [4]) führen dahin, nur muß man die laurentinische am vierzehnten, die ostiensische am elsten Meilensteine verlassen. Von beiden kommt man dann auf einen theilweise sandigen Weg, der für Zugthiere etwas beschwerlicher und langwieriger, zum Reiten kurz und gemächlich ist.
3 Hier wie dort hat die Gegend ein wechselndes Aussehen: denn bald verengt sich der Weg durch nahe anlaufende Waldung, bald erweitert er sich und eröffnet weite Wiesengründe, belebt von zahlreichen Heerden von Schasen, von Pferden und Rindern, die, im Winter von den Bergen hinuntergetrieben, hier im Grase und in der milden Frühlingsluft gedeihen [5]). Die Villa ist für ihre Bestimmung geräumig und nicht
4 kostbar zu erhalten. Am Eingange ist ein bescheidenes, aber doch nicht

17. [1]) Plinius' Villa im Gebiete der Stadt Laurentum, des heutigen Torre Paterno.

[2]) Größere Entfernungen drückten die Römer in Millien, d. h. in Tausenden von Schritten aus, den Schritt zu 5 römischen Fuß gerechnet oder zu dem Doppelten des einfachen Schrittes. Deßhalb setzten sie in diesen Abständen von je tausend Fuß (Millien oder Meilen) auf ihren Militärstraßen die Steine, welche die Entfernung angaben, also in Entfernungen von je 5000 Fuß.

[3]) natürlich von Rom.

[4]) Man fuhr zunächst auf der nach Ostia an den Tibermündungen, westsüdwestlich von Rom führenden Straße, von der sich am elsten Meilensteine die Straße nach Laurentum abzweigte.

[5]) Während man die Viehheerden während des heißen Sommers in kühlere Gegenden, hie und da in die Berge, trieb, wurden sie mit dem Winter in wärmere Striche, hin und wieder in die wärmeren Ebenen, getrieben.

vernachläßigtes Atrium [6]); daran schließt sich ein Säulengang, der sich in der Gestalt des Buchstabens D herumzieht, und eine kleine aber niedliche Area [7]) umschließt. Diese bietet eine herrliche Zuflucht gegen das Wetter; denn sie ist durch Glasfenster und noch mehr durch das vorspringende Dachgesims geschützt. Der Mitte jenes Säulenganges 5 gegenüber liegt das freundliche Cavädium [8]); dann ein ganz hübsches Triclinium [9]), das nach dem Ufer hinläuft und, wenn einmal das Meer vom Südwinde aufgeregt ist, von den bereits gebrochenen und letzten Wellen leicht bespült wird. Es hat auf allen Seiten Klappthüren oder Fenster, die nicht kleiner sind als die Thüren, und bietet so von den Seiten und von der Front aus gewissermaßen eine Aussicht auf drei Meere; von der hintern Seite sieht man auf das Cavädium, den Säulengang, die Area, dann wieder auf den Säulengang, dahinter auf das Atrium, auf Waldung und in weiterer Ferne auf die Berge. Links davon, nur etwas zurücktretend, liegt ein geräumiges Zimmer, 6 dann noch ein kleineres, in dem das eine Fenster die Morgensonne hat, während das andere die Abendsonne bis zu deren Scheiben aufnimmt und einen zwar ferneren, aber friedlicheren Blick auf den unten liegenden See gewährt. Der Vorsprung dieses Zimmers und jenes Tricli- 7 niums bilden einen Winkel, welcher die reinen Sonnenstrahlen wie in einem Brennpunkte zusammenfaßt und verstärkt. Da ist der Winteraufenthalt, da zugleich der Turnplatz meiner Leute. Hier schweigen alle Winde, außer denen, welche Wolken mit sich führen und nicht sowohl den Aufenthalt an dieser Stelle benehmen, als den heitern Him-

---

[6]) Der vorderste, oft sehr luxuriös ausgestattete, bedeckte Saal des Hauses, in den man unmittelbar durch die Hausthüre eintrat (norddeutsch etwa die Diele).

[7]) Vor den Häusern der Römischen Großen, und zwar vor der Fronte derselben, befand sich oft ein Säulengang oder eine Porticus nebst einer Area, d. h. einem freien Platze mit Gartenanlagen, welche neben dem Vestibulum oder der meist geräumigen Vorhalle des Hauses zwischen der Straßenlinie und der Hausthür, den schon früh am Morgen ihren Besuch abstattenden Clienten so lange zum Aufenthalte dienten, bis die Thür geöffnet und sie eingelassen wurden.

[8]) So bezeichnet Plinius ein kleineres Atrium, das an die Säulenhalle stieß.

[9]) Ein Speisezimmer, deren es in jedem Hause mehrere für den Sommer- und für den Wintergebrauch gab. Hier ist ein sommerliches Zimmer gemeint, da die für den Winter bestimmten tiefer im Hause lagen, dunkel waren und nur durch Lampen beleuchtet wurden.

8 mel entziehen. An diesen Winkel schließt sich ein Gemach, das, zu einem Halbzirkel ausgebogt, dem Laufe der Sonne mit allen seinen Fenstern folgt. In der Wand desselben ist in Gestalt einer Bibliothek ein Schränkchen angebracht, das solche Bücher enthält, die nicht einmal,

9 sondern oft zur Hand genommen werden. Damit hängt eine Schlaf-pièce vermittelst eines dazwischen liegenden Durchganges zusammen, unter dem sich ein Souterrain befindet, das mit Heizungsröhren ver-sehen ist und die mitgetheilte Wärme in gesunder Temperatur hier-und dorthin verbreitet und circuliren läßt. Der übrige Theil dieser Seite ist für den Gebrauch der Sklaven und Freigelassenen bestimmt,

10 großentheils aber so nett, daß er auch Gäste aufnehmen könnte. Auf der andern Seite kommt ein allerliebstes Zimmer, dann ein großes Wohn- oder ein mäßiges Speisegemach, das hell von der Sonne und dem vom Meere zurückgespiegelten Lichte erleuchtet ist; nachher ein Zimmer mit einer Antichambre, das seiner Höhe nach für den Som-mer, seiner geschützten Lage nach für den Winter paßt; denn es ist

11 gegen jeden Wind gesichert. Daran schließt sich dann mit gemeinsamer Mauer ein anderes Zimmer mit Antichambre. Nun folgt die weite und geräumige Zelle für das kalte Bad, an deren entgegenstehenden Wänden zwei Badebassins im Bogen vorspringen, vollkommen groß genug, wenn man nicht gerade an das nahe Meer denkt [10]. Daneben liegt das von unten geheizte Salbzimmer [11]), daneben die Heizstube

---

[10]) Ich habe hier nach meiner eigenen Vermuthung übersetzt: während näm-lich Handschriften und Ausgaben si mare oder innare in proximo cogites bieten, was doch nur den Sinn gäbe: „wenn man sich dabei denkt, man schwimme in dem nahen Meere", glaube ich lesen zu müssen: ni oder vielmehr nisi mare in proximo cogites.

[11]) Ein unentbehrliches Bedürfniß war für den Römer das Bad. Nicht nur besaß jedes Haus eines irgend wohlhabenderen Mannes die dazu erforderlichen Ein-richtungen, sondern die Stadt zählte an 1000 öffentliche Badeanstalten, und selbst in den Provinzen fehlten sie nirgends. Das regelmäßige Bad bestand unter den Kaisern aus vier Theilen, dem Schwitzen in erwärmter Luft, dem warmen Wasser-bade, dem kalten Wasserbade und aus der Abreibung. Als Räumlichkeiten zu die-sem Zwecke dienen das Heizzimmer, das von unten geheizte Lokal für das warme Bad, ein ebenfalls von unten geheiztes Schwitz- und Erwärmungszimmer, das Zim-mer für das kalte Wasserbad, und ein Lokal zur Abreibung und Salbung oder Oelung des Körpers, welche zuweilen vor dem warmen, gewöhnlich nach dem kalten Bade stattfand, um der Transpiration ein Ende zu machen. In einigen Häusern,

des Babes; dann folgen zwei mehr geschmackvolle als kostbare Zellen [12]), 12
mit denen ein prächtiges warmes Schwimmbassin zusammenhängt, aus
welchem die darin Schwimmenden die Aussicht auf das Meer haben.
Nicht weit davon befindet sich die Ballstube [13]), welche zur Zeit der größten Hitze erst dann, wenn der Tag sich bereits neigt, für die Sonne zugänglich ist. Dann kommt ein Thurm mit zwei Wohnzimmern oben und
ebenso vielen unten: außerdem ein Speisesaal, der die Aussicht auf das
weite Meer, auf einen langen Küstenstrich und auf reizende Villen hat.
Noch ein anderer Thurm enthält ein Zimmer, in dem man die Sonne 13
auf- und untergehen sieht; dahinter eine große Weinkammer [14]) nebst
Vorrathsraum; darunter ein Speisezimmer, wo man selbst bei einem
Sturme vom Meere nur ein dunkles Gebrause, und selbst dieses nur
matt und verhallend, vernimmt; die Aussicht geht auf den Garten und
die um diesen sich hinziehende Fahrbahn [15]). Diese Bahn ist mit 14
Buchsbaum, oder, wenn der Buchsbaum ausgeht, mit Rosmarin ein-
gefaßt; denn der Buchsbaum grünt da, wo er im Schutze von Gebäu-
den steht, vortrefflich, geht aber unter freiem Himmel und im offenen
Wetter und bei auch nur entfernter Benetzung mit Meerwasser ein.
Die innere Seite dieser Promenade entlang zieht sich ein zarter und 15
schattiger Weingarten mit einem selbst für bloße Füße weichen und
nachgiebigen Boden. Den Garten bekleiden hauptsächlich Maulbeer
und Feige, Bäume, welche in diesem Boden eben so vortrefflich gedeihen, wie andere darin nicht recht aufkommen wollen. Diesen der

---

wie hier bei Plinius (ich tilge mit Marquardt Röm. Alterth. V, 290 das in der
Ausgabe von Keil stehende Comma zwischen unctoriam und hypocauston), dient
zum Abreiben und Einölen des Körpers zugleich das Schwitz- oder Erwärmungszimmer.

[12]) Wol Auskleide- oder Wartezimmer für die aufwartenden Diener.

[13]) Das Ballspiel galt als heilsame und gesunde Körperbewegung, so daß ab-
gehärtete ältere Männer noch dasselbe betrieben (vgl. III, 1, 8.).

[14]) Der auf thönerne Fässer gefüllte junge Wein wurde zum Ausgähren in
eine kühle, nach Norden gelegene Kammer gebracht. Hatte er ausgegohren, so
wurde er auf Krüge und Flaschen gefüllt, mit einem Pfropfen verschlossen, über-
gypst oder verpicht, mit Etiketten versehen, welche Sorte und Jahr angaben, und
in die Apothek, d. h. eine in der Nähe des Babes, meist über demselben, gelegene
Weinkammer, gebracht, wo er unter dem Einflusse des Rauches, der hineingeleitet
wurde, altern mußte.

[15]) Vgl. Anm. 2 zu I, 3.

Aussicht auf das Meer nicht nachstehenden Blick gewährt der vom Meere abliegende Speisesaal. An diesen reihen sich an der Rückseite zwei Wohnzimmer an, unter deren Fenstern die Vorhalle [16]) des Landhau-
16 ses und noch ein ländlicher Gemüsegarten liegt. Von da behnt sich die geschlossene Halle [17]), einem Staatsbau ähnlich, aus. Sie hat zu bei- den Seiten Fenster, nach dem Meere zu mehr, auf der Gartenseite we- niger, aber alle in abwechselnder Folge. Ist der Tag heiter und wind- still, so sind alle, erhebt sich aber der Wind von der einen oder der an- dern Seite, so werden sie da, woher der Wind nicht kommt, ohne
17 Nachtheil geöffnet. Vor der geschlossenen Halle liegt eine von Veilchen duftende Anlage. Die Wärme der einfallenden Sonne strahlt die Halle zurück und steigert dadurch dieselbe; und während sie so die Sonnen- wärme festhält, bannt sie wieder den Nordwind und hält ihn fern; so warm die Vorderseite, ebenso kühl ist dagegen die Hinterseite. Ebenso hemmt sie den Südwest und bricht und beseitigt demnach die verschie-
18 densten Winde, den einen an dieser, den anderen an jener Seite. Das sind ihre Annehmlichkeiten im Winter; doch größere bietet sie für den Sommer. Denn Vormittags verleiht sie der Anlage, Nachmittags dem nächst gelegenen Theile der Fahrbahn und des Gartens Kühlung durch ihren Schatten, der, je nachdem der Tag im Zunehmen oder im Ab- nehmen begriffen ist, bald kürzer, bald länger hier- oder borthin fällt.
19 Die Halle selbst hat aber gerade dann am wenigsten Sonne, wenn diese in höchster Glut über ihrem Firste steht. Daneben läßt sie durch die offenen Fenster die Westwinde ein- und durchziehen und leidet nie an
20 dumpfer und stockender Luft. Vorn an die Anlage und dann an die geschlossene Halle schließt sich mein Liebling, eine Gartenwohnung, an, mein wahrer Liebling; denn ich habe sie selbst angelegt. Das Som- merstübchen [18]) darin hat auf einer Seite die Anlage, auf der anderen das Meer, auf beiden die Sonne, während das Ruhezimmer durch die Flügelthür die Aussicht auf die Halle, durch die Fenster auf das Meer
21 hat. Der Mitte der Wand gegenüber vertieft sich äußerst niedlich ein

---

[16]) Vgl. Anm. 7 zu II, 17.
  [17]) Die Kryptoporticus, ein langer, bedeckter, halb unter der Erde angelegter Gang oder Gallerie, welche die Römer wegen des magischen Halbdunkels darin be- sonders liebten.
  [18]) ein an der Sommerseite gelegenes Zimmer zum Winteraufenthalt.

Cabinet ¹⁹), welches, wenn man die Glasfenster und die Vorhänge
verhängt oder zuzieht, das Zimmer bald größer, bald kleiner macht.
Es faßt ein Ruhebett und zwei Sessel; zu den Füßen das Meer, im
Rücken die Landhäuser, vor sich den Wald, scheidet und vereinigt es
eben so viele landschaftliche Ansichten, als es Fenster hat. Daran 22
schließt sich ein Zimmer für die Nacht und den Schlaf, dem Lärm der
Leute, dem Brausen des Meeres, dem Rauschen der Stürme, dem
Leuchten der Blitze, ja dem Tageslichte sogar entzogen, es müßten denn
eben die Fenster gerade geöffnet sein. Der Grund dieser tiefen und
heimlichen Abgeschiedenheit liegt darin, daß ein dazwischen liegender
Corridor die Mauer des Zimmers und des Gartens scheidet, und so
jedes Geräusch in dem leeren Raume abfängt. An dem Zimmer ist 23
ein sehr kleines von unten heizbares Gemach, welches durch eine enge
Klappe, je nachdem es wünschenswerth ist, die Wärme aus dem untern
Raume einströmen läßt oder behält. Von da verläuft ein Vorgemach
und ein Zimmer, der Sonne zugewendet, die dasselbe gleich vom Auf-
gange bis über den Mittag hinaus zwar nur von der Seite auffängt,
aber doch wahren kann. Ziehe ich mich in diese Wohnung zurück, so ist 24
es, als wäre ich gar nicht auf meiner Villa. Besonders zur Zeit der
Saturnalien ²⁰) habe ich meine große Freude daran, wenn das ganze
übrige Haus von der tollen Lust der Tage und dem Jubel des Festes
wiederhallt; denn ich meinestheils störe ebensowenig das Vergnügen
meiner Leute, als sie meine Studien. Um alle Annehmlichkeiten und 25
Reize voll zu machen, fehlt nur ein rieselnder Bach; denn Brunnen
oder vielmehr Quellen sind da; sie liegen gleich zu Tage. Ueber-

---

¹⁹) Also eine Nische im Zimmer, eigentlich zur Aufstellung von Statuen bestimmt, hier das Ruhebett enthaltend.

²⁰) Ein dem Saturn und seiner Gemahlin Ops heiliges Fest, welches vom
17. December an sieben Tage lang alljährlich gefeiert wurde zum Andenken an
die goldene Zeit, wo der segenspendende Gott unter den Menschen lebte. Es
herrschte während des Festes die lauteste Freude und die ungebundenste Freiheit,
ein tolles Jubeln und Schmausen. Besonders kam dasselbe den Sklaven zu gute,
die dann zur Erinnerung an die allgemeine Freiheit und Gleichheit der saturnischen
Vorzeit von den Herren wie ihres Gleichen behandelt, vor der Herrschaft oder mit
ihr gespeist, wol gar von derselben bei Tische bedient wurden und sich außerordentlich viel herausnehmen durften, ohne in ihrer oft unbändigen Lust gestört zu
werden.

haupt ist die Beschaffenheit des Ufers eigenthümlich: wo man nur den Boden aufwirft, da quillt gleich zur Hand das Wasser entgegen, und zwar ganz rein und nicht im mindesten, trotz der großen Nähe des 26 Meeres, versetzt. Die nahen Wälder liefern Holz im Ueberfluß; die übrigen Bedürfnisse beschafft Ostia. Bescheidenen Ansprüchen genügt sogar das Dorf, welches nur durch ein einziges Landgut von mir geschieden ist. Dort gibt es drei Bäder, die man für Geld benützen darf, eine große Annehmlichkeit für den Fall, daß bei unerwarteter Ankunft oder zu kurzem Aufenthalt man das eigene Bad nicht füglich heizen 27 kann. Den Strand zieren in höchst gefälliger Abwechslung bald zusammenhängende, bald einzeln stehende Villen, welche, mag man sich auf dem Meere oder auf dem Ufer befinden, das Bild vieler Städte gewähren. Denn der Strand wird zwar manchmal bei anhaltender Windstille erweicht, weit öfter aber durch den wiederholten Andrang der 28 stürmischen Flut steinhart ²¹). Freilich ist das Meer nicht reich an kostbaren Fischarten, doch werden treffliche Schollen und Krebse ausgeführt. Allein mein Landgut liefert auch Binnenlandprodukte, besonders Milch; denn die Viehheerden sammeln sich hier von den Weiden, so oft sie 29 Wasser und Schatten suchen. Habe ich demnach nicht gerechten Grund, diesen ländlichen Aufenthalt zu hegen, zu bewohnen, zu lieben? und bist Du nicht ein gar zu eingefleischter Städter, wenn Du kein Verlangen danach trägst? Wenn Du es doch thätest, damit mein kleines Gut bei seinen vielen und bedeutenden Vorzügen auch noch den großen Reiz des Zusammenlebens mit Dir bekäme ²²)! Lebe wohl!

---

²¹) Diese vielangefochtene Stelle erklärt sich durch die Bemerkung des Servius zu Bergil's Aeneis X, 808. Plinius meint den bald abgetrockneten und verhärteten Sand, den das stürmische Meer auswirft.

²²) Dieser Brief hat eine ganze Literatur hervorgerufen, indem Gelehrte aller Nationen sich bemüht haben, dieses, wie das Tuscische Landgut des Plinius (vgl. V, 6.) nach den Angaben des Besitzers zu restauriren. Ich übergehe die ältere Literatur dieser Art, welche sich besonders bei Gierig und Schäfer verzeichnet findet, und führe nur aus neuerer Zeit an: Architektonisches Album, begründet vom Architectur-Verein zu Berlin durch Stüler, Knoblauch, Strack. Heft 7: Restauration des Tuscum und Laurentinum des Plinius, von Schinkel. (Berlin. Verlag von Ernst und Korn. 1862. groß Folio. 1 Thlr.); W. Stier: architektonische Erfindungen. Erstes Heft: Entwurf zu dem laurentinischen Landsitze des Plinius, nebst Atlas von 7 Kupfertafeln (Berlin bei Stier. 1866. 5²/₃ Thlr.).

18.
C. Plinius an Mauricus[1]).

Du hätteſt mir keinen willkommeneren Auftrag ertheilen können, als indem Du mich bateſt, für die Kinder Deines Bruders einen Lehrer zu ſuchen. Denn Dir verdanke ich es nun, daß ich wieder in die Schule komme und jene glückliche Lebenszeit gewiſſermaßen nochmals durchmache. Da ſitze ich unter den jungen Leuten, wie einſtmals, und erfahre, welches Anſehen ich bei ihnen in Folge meiner wiſſenſchaftlichen Studien habe. Denn jüngſt, als ſie eben in einem zahlreich beſetzten 2 Hörſaale vor vielen Männern unſers Standes ihren lauten Scherz trieben, trat ich ein, und Alles verſtummte. Ich würde Dir dieſes nicht erzählen, wenn es nicht mehr zu ihrem eigenen, als zu meinem Ruhme gereichte, und wenn ich Dir nicht dadurch die Ueberzeugung geben wollte, daß Deines Bruders Söhne einen tüchtigen Unterricht erhalten können. Später, ſobald ich alle Lehrmeiſter gehört habe, 3 werde ich Dir über jeden einzelnen meine Anſicht mittheilen und, ſo weit ſich dieß wenigſtens brieflich erreichen läßt, Dich in den Stand ſetzen, ſo über ſie zu urtheilen, als wenn Du alle perſönlich gehört hätteſt. Bin ich doch Dir, bin ich doch dem Gedächtniſſe Deines 4 Bruders dieſe Treue und Aufmerkſamkeit ſchuldig, zumal angeſichts einer ſo bedeutenden Angelegenheit. Denn was kann Euch mehr am Herzen liegen, als daß die Kinder (ich würde ſagen, Deine Kinder, wenn Du ſie unter dieſen Umſtänden[2]) nicht noch mehr liebteſt) einſt ihres trefflichen Vaters und Deiner, ihres Oheims, würdig erfunden werden? Dafür zu ſorgen, würde ich, auch wenn Du mir den Auftrag nicht gegeben hätteſt, mir nicht haben nehmen laſſen. Zwar weiß ich, 5 daß man bei der Wahl eines Lehrers ſich darauf gefaßt machen muß, manchen Anſtoß zu erregen[3]); allein ich ſehe es als meine Schuldigkeit an, für die Söhne Deines Bruders nicht nur die Gefahr eines

---

18. [1]) Vgl. Anm. 11 zu I. 5.
[2]) D. h. ſeitdem ſie den Vater Arulenus Ruſticus verloren haben und die Pflicht, dieſen zugleich zu vertreten, dem Mauricus obliegt.
[3]) Weil die nicht Gewählten und deren Anhang ſich zurückgeſetzt fühlen.

solchen Anstoßes, sondern selbst Gehässigkeiten mit demselben Gleichmuthe auf mich zu nehmen, wie es Eltern für ihre Kinder thun. Lebe wohl!

19.
C. Plinius an Cerealis[1].

Du redest mir zu, meine Rede[2] vor mehreren Freunden vorzutragen. Ich will es, weil Du mir zuredest, thun, wenn gleich ich 2 starke Bedenken dabei habe. Denn ich verhehle mir nicht, daß gerichtliche Reden, wenn sie vorgelesen werden, ihre ganze Wirksamkeit und Wärme und beinahe ihre eigenthümliche Bedeutung verlieren, insofern der Kreis der Richter, die zahlreiche Schaar theilnehmender Freunde, die Spannung auf das Endurtheil, der Ruf von mehr als einem Redner und das getheilte Parteiinteresse der Zuhörer, außerdem noch die Gesticulation, das Auf- und Ab-, das Vor- und Rückwärtsschreiten des Redners[3] und der allen geistigen Bewegungen entsprechende lebhafte Ausdruck seines Körpers denselben gar oft Reiz und Leben ver- 3 leiht. Daher kommt es, daß die Redner, welche sitzend sprechen, selbst wenn ihnen größtentheils dieselben Mittel mit den stehenden Rednern zu Gebote stehen, dennoch gerade durch das Sitzen eine Einbuße an 4 Kraft und Lebendigkeit erleiden. Liest man aber nur vor, so sind die hauptsächlichsten Hülfsmittel des Vortrags, Augen und Hände, lahm gelegt, und man darf sich deßhalb um so weniger wundern, wenn die Spannung der Zuhörer erschlafft, weil sie von außenher durch keine 5 Reizmittel gefesselt, durch keinen Sporn wieder erweckt wird. Dazu kommt, daß die fragliche Rede etwas Streitbares und viel Leidenschaft hat. Ferner liegt es in der Natur, daß man denkt, das, woran man selbst etwas peinlich gearbeitet hat, müsse auch von Seiten der Zuhörer eine 6 etwas peinliche Aufmerksamkeit finden. Und wie viele gibt es von jenen rechtschaffenen Zuhörern, die weniger Gefallen am Süßlichen

---

19. [1] Wol Velius Cerealis, an den IV. 21 gerichtet ist.
[2] Die gegen Marius Priscus gehaltene, vgl. II. 11.
[3] Die Redner blieben bei besonders lebhaften Stellen in der Erregung des Augenblicks nicht an demselben Orte stehen, sondern gingen in rascher Bewegung oft hin und her.

und Phrasenhaften als am Ernsten und Gedrungenen haben? Nun ist zwar jener Widerstreit der Ansprüche keineswegs in der Ordnung, aber es ist darum doch nicht minder wahr, daß meistentheils die Zuhörer etwas Anderes verlangen, als die Richter, obgleich eigentlich der Zuhörer in der Hauptsache ganz durch Dasselbe ergriffen werden müßte, was, wenn er Richter wäre, den größten Eindruck auf ihn machen würde. Jedoch ist es möglich, daß diese Rede trotz solcher Bedenklich- 7 keiten durch ihre Neuheit einen Reiz gewönne, das heißt ihre Neuheit bei uns; denn bei den Griechen gibt es etwas, was trotz aller Verschiedenheit doch eine gewisse Aehnlichkeit damit hat. Denn gleichwie 8 es bei ihnen Sitte war, solche Gesetze, welche sie als früheren Gesetzen widersprechend angriffen, durch Vergleichung mit andern Gesetzen zu widerlegen, so mußte ich den Beweis, daß meine Forderung auf Grund des Wiedererstattungsgesetzes [4]) geschehe, zwar auch aus diesem, aber mehr noch aus anderen führen. Mag dieß für die Ohren der Nichteingeweihten wenig anziehend sein, so sollte es doch für den Kenner um so mehr Reiz haben, je weniger es für den Laien hat. Wenn 9 ich mich aber zum Vorlesen entschlossen habe, dann will ich die Bestunterrichteten dazu einladen [5]). Indeß überlege zunächst reiflich bei Dir, ob ich überhaupt vorlesen soll; ziehe alle von mir angegebenen Faktoren für und wider in Rechnung und entscheide nach dem Plus und Minus des Rechenabschlusses. Denn auf Dir wird die Verantwortlichkeit liegen; mich entschuldigt, daß ich einfach gethan, was Du wünschtest. Lebe wohl!

20.
C. Plinius an Calvisius [1]).

Halt Deinen Dreier parat, und ich erzähle Dir ein goldenes Stückchen [2]), ja, mehr als eins, und es ist ganz gleichgültig, mit welchem

---

[4]) Vgl. Anm. 1 zu II. 11.
[5]) Vgl. Anm. 1. zu I. 13.
20. [1]) Gerichtet sind an ihn noch III. 1, V. 7, VIII. 2, IX. 6; vgl. I. 12. 12.
[2]) Aus dem Erzählen von Geschichten und Mährchen an öffentlichen Orten für Geld wurde schon damals nicht selten ein Geschäft gemacht. Die gewöhnliche Zahlung der Hörer dafür war die damals kleinste Kupfermünze, das As, im Werthe von etwa einem Kreuzer oder vier Pfennigen.

2 ich gerade anfange. Verania, Piſo's Frau, lag ſchwer krank danieder, ich meine den Piſo, welchen Galba an Kindesſtatt angenommen[3]). Zu ihr kam Regulus[4]). Schon die Unverſchämtheit, zu einer Kranken zu kommen, mit deren Gatten er Todfeind und der ſelbſt er immer zu-
3 wider geweſen war! Doch das möchte ſein, wenn es bei dem bloßen Beſuche geblieben wäre. Aber er ſetzt ſich ganz nahe.an ihr Bett und fragt, an welchem Tage, zu welcher Stunde ſie geboren ſei[5]). Als er es erfahren, nimmt er eine Miene an, ſtiert mit den Augen, bewegt die Lippen, zählt mit den Fingern — Firleſanz, nur um die Arme lange in peinlicher Spannung zu halten. Er ſpricht: „Du ſtehſt in
4 einem Stufenjahre[6]), aber Du wirſt davon kommen. Um Dir darüber mehr Gewißheit zu verſchaffen, will ich einen Opferſchauer[7]) befragen,
5 den ich wiederholt erprobt habe." Und gleich geht's an's Werk: er ſtellt ein Opfer an und verſichert, daß die Eingeweide ganz zu der Andeutung der Geſtirne ſtimmen. Sie, leichtgläubig wie ſie in der Gefahr war, verlangt ihr Teſtament und ſetzt dem Regulus ein Legat aus. Bald verſchlimmert ſich ihr Zuſtand, und im Sterben ruft ſie Wehe über den verworfenen, treuloſen und noch mehr als meineidigen

---

[3]) Piſo Licinianus, der kurz nach der Adoption in einem von Otho veranlaßten Aufſtande der Prätorianer ermordet wurde (Tacitus' Hiſtorien I. 14 ff. 43. 48).

[4]) Vgl. Anm. 2 zu I. 5.

[5]) Aſtrologie und aſtrologiſcher Aberglaube hatten ſchon gegen das Ende der Republik ſtark um ſich gegriffen, wucherten aber beſonders in der Kaiſerzeit. Tiberius hing von Magiern und ſternedeutenden Chaldäern ab, verfolgte aber beide, weil er für ſeine Herrſchaft von ihnen fürchtete. Zumal das Stellen des Horoſkops und der Glaube an den Einfluß der Conſtellation in der Stunde der Geburt waren bis in die höchſten Regionen verbreitet, und nicht wenige Philoſophen ſogar verbanden ihre Wiſſenſchaft mit Aſtrologie und Mathematik (vergl. Tacitus' Annal. VI. 20 ff.). Beſonders Erbſchleicher benutzten, gläubig oder ungläubig, die Aſtrologie, um die Todesſtunde umworbener Kranken und Greiſe zu berechnen.

[6]) Damit hing der Glaube an gewiſſe Stufenjahre zuſammen, ja, an beſtimmte auf Stunde und Minute berechnete Momente im Leben des Einzelnen, in denen das Leben deſſelben in ganz beſonderer Gefahr ſchweben ſollte. Dabei ſpielten die heiligen Zahlen 3, 7 und 9, nebſt ihren Multiplicationsſummen, alſo die Jahre 21, 42, 63, 81, beſonders aber 49, eine große Rolle.

[7]) Weiſſager aus den Eingeweiden von Opferthieren, beſonders aus der Leber,

Menschen, der ihr bei dem Leben seines Sohnes seinen Meineid bekräf= tigt habe. Es ist das ein eben so scheußliches als häufiges Verfahren 6 bei Regulus, daß er die Rache der Götter, die er tagtäglich belügt, auf das Haupt des unglücklichen Kindes herabbeschwört [8]).

Vellejus Bläsus, jener reiche Consular, kämpfte mit seiner letzten 7 Krankheit. Er wünschte sein Testament zu ändern. Regulus, der bei der neuen Abfassung etwas für sich erhoffte, weil er seit Kurzem Jagd auf ihn gemacht hatte, redete den Aerzten zu und bat, Alles aufzuwen= den, um das Leben des Mannes zu fristen. Sobald das Testament 8 versiegelt war, wechselt er die Rolle und ändert seinen Ton gegen die Aerzte: „wie lange quält ihr den Armen? wozu mißgönnt ihr ihm einen sanften Tod, da ihr ihm doch das Leben nicht retten könnt?" Bläsus stirbt und, als wenn er Alles mit angehört hätte, nicht einen Heller bekommt Regulus!

Diese beiden Geschichtchen genügen wol; oder meinst Du, aller 9 guten Dinge seien drei? Ich kann aufwarten. Aurelia hatte sich in Putz geworfen, da sie ihr Testament unterzeichnen wollte, und kostbare Kleider angelegt [9]). Als Regulus zum Unterzeichnen gekommen [10]), 10 sagte er: „bitte, die vermach mir." Aurelia hielt das für einen 11 Scherz; er aber drang alles Ernstes in sie. Kurz, er zwang die Frau, das Testament zu öffnen und ihm die Kleider, welche sie trug, zu vermachen; er behielt sie während des Schreibens im Auge und sah hinein, ob sie es auch niedergeschrieben habe. Und der Mensch nimmt 12 Erbschaften, der Mensch Legate hin, als wenn sie ihm von Rechtswegen gebührten. Mais pourquoi tant d'échauffement in einer Stadt, in welcher Büberei und Niedertracht schon seit langer Zeit auf gleichen, nein auf größeren Lohn zu rechnen haben als Zartgefühl und innerer Werth? Sieh Dir nur den Regulus an, der aus Armuth und Be= 13 drängniß durch seine Schandthaten sich zu einem solchen Vermögen hin= aufgeschwindelt hat, daß er mir selbst erzählte, als er geopfert, um zu

---

[8]) Man bekräftigte eine Versicherung, einen Eid oft dadurch, daß man die Strafen einer Täuschung, eines Meineides auf das Haupt des Theuersten im Leben herabwünschte.

[9]) Zu feierlichen Gelegenheiten, zu denen man auch die Abfassung von Ur= kunden und Testamenten rechnete, war auch ein festlicher Anzug Sitte.

[10]) Vgl. Anm. 2 zu I. 5.

erfahren, wie bald er 60 Millionen[11]) voll haben werde, habe er doppelte Eingeweide gefunden, woraus er ersehen, daß er 120 Millionen bekommen müsse. Und er wird sie bekommen, wenn er nur, wie er begonnen, mit der scheußlichsten Art von Betrügerei fortfährt, wildfremden Menschen ihre eigenen Testamente zu dictiren. Lebe wohl!

14

---

[11]) Nahe an 4$\frac{1}{2}$ Millionen Thaler.

Drittes Buch*).

1.

C. Plinius an Calvisius.

Ich weiß nicht, ob ich je eine Zeit angenehmer verlebt habe, als vor Kurzem, wo ich bei Spurinna war. Wirklich, wenn ich je alt werden sollte, so möchte ich im Alter mir Niemanden lieber zum Muster nehmen als ihn; denn es gibt keine geregeltere Lebensweise als die seinige. Für mich aber hat, wie der gemessene Lauf der Gestirne, so 2 ein planmäßiges Leben der Menschen, zumal bei Greisen, etwas Anziehendes. Denn mag gleich bei jungen Leuten ein noch regelloses und so zu sagen wirres Leben nichts Anstößiges haben, so ziemt dem Alter doch in allen Stücken Ruhe und Ordnung; denn für dieses ist es zu spät, geschäftig, für dieses erniedrigend, ehrsüchtig zu sein. Diesen 3 Grundsatz wahrt Spurinna unverbrüchlich; ja selbst das Kleinliche (man könnte es so nennen, wenn es nicht tagtäglich wiederkehrte) verläuft bei ihm in einer gewissen Ordnung und, wenn ich so sagen darf, im bestimmten Kreislaufe. Während der Frühstunden sitzt er am 4 Schreibtisch; um die zweite Stunde steht er auf und geht drei Meilen²) spazieren, wobei er den Geist nicht minder als den Körper in Thätig-

---

*) Die Briefe dieses Buches gehören in das Jahr 101, zum Theil vielleicht noch in das Jahr 102.
1. ¹) Vgl. Anm. 1 zu II. 20.
²) Es gehen deren fünf auf eine geographische, so daß die römische Meile der englischen ziemlich nahe kommt.

. keit setzt. Sind Freunde da, so werden die gebildetsten Gespräche geführt; wenn nicht, so wird ein Buch gelesen, manchmal auch in Gesell-
5 schaft von Freunden, jedoch nur wenn es diesen genehm ist. Darauf
geht er wieder an die Arbeit; abermals wird ein Buch zur Hand genommen oder ein Gespräch geführt, das einem Buche vorzuziehen ist.
Dann fährt er aus und nimmt seine Frau, ein wahres Muster in
ihrer Art, oder irgend einen seiner Freunde, wie neulich mich, mit.
6 Wie schön, wie wohlthuend ist diese heimliche Vertraulichkeit! wie
vieles erinnert dort an die gute alte Zeit! von welchen Thaten, welchen
Männern bekommt man zu hören! in welche Lehren wird man eingeweiht! Und doch benimmt er sich dabei mit einem so maßvollen Zartgefühl, daß jeder Schein von beabsichtigter Belehrung wegfallen muß.
7 Nach einer Fahrt von sieben Meilen geht er wieder eine Meile spazieren und setzt sich dann wieder hin oder begibt sich in sein Zimmer
und arbeitet. Denn er schreibt, und zwar in beiden Sprachen, meister-
hafte lyrische Gedichte von einer wundervollen Zartheit, einer wundervollen Anmuth, einem wundervollen Humor [3]), dessen Reiz noch durch
8 die reine Unschuld des Verfassers erhöht wird. Ist die Stunde zum
Baden gemeldet [4]) (es ist im Winter die neunte, im Sommer die achte) [5]),
so geht er, wenn es windstill ist, leicht bekleidet in der Sonne spazieren [6]). Dann macht er sich mit dem Ballspiel [7]) eine starke und an-
haltende Bewegung; denn auch in dieser Art Leibesbewegung macht er

---

[3]) Die unter Spurinna's Namen von Caspar Barth herausgegebenen, angeb-
lich 1612 zu Merseburg aufgefundenen 4 Gedichte haben von diesen Eigenschaften
nichts an sich und sind ohne Zweifel gefälscht und untergeschoben.

[4]) Das Geschäft, dem Herrn die Tageszeit anzumelden, war besonderen Sklaven anvertraut.

[5]) Nach unserer Rechnung im Winter etwa 1½, im Sommer 12¼ Uhr
Nachmittags.

[6]) Die Römer machten, nachdem sie sich zuvor zum Bade gesalbt und den
Körper mit Oel eingerieben, einen Spaziergang in der Sonne, und zwar meist
auf dem Söller (d. h. dem Sonnenplatz des Hauses), der in Terrassenform, einem
Balkon nicht unähnlich, über dem ersten Stockwerke angelegt und mit Bäumen,
Sträuchern, Weinreben, Blumen bepflanzt oder besetzt war. Man hielt dieß für
ein Mittel zur Kräftigung der Gesundheit. Doch beschränkte sich diese Gewohnheit
meist auf die geschäftslosen Tage (vgl. III. 5. 10), und besonders das Alter übte
dieselbe.

[7]) Vgl. Anm. 18 zu II. 17.

dem Alter seine Herrschaft streitig. Nach dem Bade ruht er liegend aus und wartet noch eine Zeitlang mit dem Essen; währenddem läßt er sich etwas Leichteres und Gefälliges vorlesen. Während dieser ganzen Zeit steht es den Freunden frei, ein Gleiches zu thun, oder, wenn sie es vorziehen, etwas Anderes vorzunehmen. Dann wird 9 das ebenso anständige als frugale Mahl auf glattem und altem Silbergeschirr aufgetragen; auch korinthische Gefäße [8]) sind dabei im Gebrauch, an denen er seine Freude hat, ohne gerade sein Herz daran zu hängen. Nicht selten wird auch durch einen Komiker [9]) Abwechs-lung in die Tischfreuden gebracht, um den Sinnenreiz auch durch geistige Genüsse zu würzen. Man sitzt, selbst im Sommer, bis in die Nacht zusammen; Niemanden wird die Zeit dabei lang, so gemüthlich verläuft die ganze Tafel. Daher hat er denn trotz seiner sieben und 10 siebenzig Jahre noch den vollen Gebrauch seines Gesichtes und Gehörs, daher noch die Beweglichkeit und Lebendigkeit des Körpers und vom Alter selbst nichts, als die reife Erfahrung. Ein solches Leben ist es, 11 in das ich mich in Wunsch und Gedanken schon jetzt versetze und das ich mit der freudigsten Bereitwilligkeit antreten werde, sobald die Zeit gekommen ist, die mir zum Rückzuge zu blasen gestattet. Mittlerweile martere ich mich mit tausend Arbeiten ab, für die Spurinna mir ebenfalls Trost und Vorbild ist. Denn auch er hat, so lange es mit Ehren geschehen konnte, sich Geschäften unterzogen, Staatsämter be-kleidet, Provinzen regiert und durch viele Arbeit die gegenwärtige Ruhe verdient. Also ich stecke mir dieselbe Bahn ab und bestimme 12 für mich dasselbe Ziel, und Das will ich schon jetzt bei Dir untersiegelt haben, damit, falls Du mich über die Grenzen solltest hinausgehen sehen, Du mich angesichts dieses Briefes vor Dein Gericht ziehen und mir Ruhe auferlegen kannst, sobald ich über den Vorwurf träger Be-quemlichkeit hinaus bin. Lebe wohl!

---

[8]) Statuen, Vasen und Geräthschaften aus korinthischer Bronze, deren Ur-sprung und Mischung man in das Geheimniß des Mythus einhüllte, waren zumal im kaiserlichen Rom, besonders von den Verehrern des Luxus und der Antiquitäten außerordentlich gesucht.

[9]) Vgl. Anm. 4 zu I. 15. Die Komiker spielten oder lasen Scenen aus alten Komödiendichtern, meist aus Menander.

2.

C. Plinius an Maximus[1].

Was ich, wenn ich gleiche Macht dazu hätte, Deinen Freunden unaufgefordert entgegengebracht haben würde, das darf ich bei dieser 2 Gelegenheit wol von Deiner Seite für die meinigen erbitten. Arrianus Maturus[2]) ist der bedeutendste Mann zu Altinum[3]). Wenn ich ihn den bedeutendsten nenne, so rede ich nicht von seinem Vermögen, obwol dasselbe ein recht ansehnliches ist, sondern von seiner Sittenreinheit seinem Gerechtigkeitssinn, seiner Gesinnungstüchtigkeit und seiner ge- 3 schäftlichen Gewandtheit. Sein Rath kommt mir in meinen Geschäf- ten, sein Urtheil bei meinen Studien zu statten; denn an Zuverlässig- keit, Treuherzigkeit und Einsicht ist er wahrhaft ausgezeichnet. Er liebt mich (ich weiß keinen schärfer bezeichnenden Ausdruck dafür) wie 4 Du. Frei von Ehrgeiz, begnügt er sich mit dem Ritterstande, obwol er leicht zur höchsten Stufe emporsteigen könnte[4]). Aber ich fühle 5 doch die Verpflichtung, ihn mehr und höher emporzuheben. Darum liegt mir viel daran, seiner Würde, ohne daß er es ahnt, ohne daß er es weiß, ja ohne daß er es wünscht sogar, etwas zuzusetzen, jedoch 6 so, daß es ihn hebt, ohne ihm lästig zu werden. Etwas Der- artiges könntest Du ihm, ich bitte darum, bei der ersten vorkommenden Gelegenheit übertragen; Du würdest dadurch mich, Du würdest ihn selbst zu Deinem dankbarsten Schuldner machen. Denn strebt er gleich nicht danach, so nimmt er es doch mit derselben Dankbarkeit an, als wenn er Verlangen danach trüge. Lebe wohl!

1. [1]) Vgl. Anm. 1 zu II. 14. Welches Amt Maximus bekleidete, das ihm die Macht gegeben hätte, etwas zu Arrianus Maturus' Erhebung zu thun, ist un- bekannt.

[2]) An ihn sind auch IV. 8 und 12 gerichtet. Vielleicht ist er identisch mit dem Arrianus, an den I. 2, II. 11 und 12, VI. 2, VIII. 21 gerich- tet sind.

[3]) Jetzt Altino, ein Dorf in Venetien.

[4]) Vgl. Anm. 5 zu I. 14.

3.
C. Plinius an Corellia Hispulla[1]).

Hegte ich schon gegen Deinen würdigen und verehrungswürdigen Vater, ich weiß nicht ob mehr Hochachtung oder Liebe, und verehre ich Dich sowohl im Gedächtniß an ihn, als auch um Deiner selbst willen vor allen Anderen, so muß wol in mir der Wunsch rege und das Streben lebendig werden, soviel in meinen Kräften liegt, dazu behülflich zu sein, daß Dein Sohn seinem Großvater ähnlich werde, und [2] zwar, wenn es nach meinem Wunsche geht, mehr dem Großvater mütterlicherseits, abgesehen davon, daß er das Glück hatte, auch vom Vater her einen hochangesehenen und verdienstvollen Großvater zu besitzen, und daß auch sein Vater sowol wie sein Oheim sich durch glänzende Vorzüge auszeichneten. Aber aller dieser würdig wird er nur dann heranwachsen können, wenn er in die schönen Künste eingeweiht wird, und dabei kommt gar sehr viel darauf an, wer sein Lehrer werden soll. Bisher hat ihn sein zartes Alter noch unter Deiner [3] persönlichen Obhut gehalten, er hatte seine Lehrer im Hause [2]), wo es wenig oder gar keinen Anlaß zu Fehltritten gibt. Jetzt aber muß sein weiterer Unterricht außerhalb des mütterlichen Hauses gesucht werden, und es wird nöthig, sich nach einem lateinischen Lehrer der Redekunst umzusehen [3]), dessen Schule für die nöthige Strenge und Sittsamkeit und vorzugsweise für die Keuschheit bürgt. Denn unser [4] junger Freund besitzt neben den andern ihm zu Theil gewordenen Gaben der Natur und des Glückes noch eine auffallende Schönheit der äußeren Erscheinung, für die man in diesem schlüpfrigen Alter nicht blos einen Lehrer, sondern auch einen Wächter und Leiter suchen

2. [1]) Auf sie bezieht sich wol IV. 17.

[2]) Es war das meist ein griechischer Sklave oder Freigelassener, der neben den Kindern seines Herrn manchmal noch andere Kinder im Hause unterrichtete. Schon damals wurde die Frage viel besprochen, ob man die Kinder besser zu Hause oder in den öffentlichen Privatschulen erziehen lasse.

[3]) Nach dem Elementarunterrichte bei dem Hauslehrer kamen die Knaben in der Regel erst zu dem Lehrer der Grammatik, Geschichte, Geographie und Literatur, und dann erst zu dem Rhetor oder Lehrer der Beredtsamkeit. Die letzteren waren bis zum Jahre 92 v. Ch. ausschließlich Griechen,

5 muß⁴). Da glaube ich Dich denn nun auf Julius Genitor hinweisen zu können. Ich liebe ihn; doch verblendet nicht etwa die Liebe zu dem Manne mein Urtheil, sondern diese ist vielmehr erst aus meinem Urtheile entsprungen. Er ist ein ganzer und gesetzter Mann, vielleicht nach dem Zuschnitte unserer zügellosen Zeit etwas zu fest und entschie-
6 den. Was er in der Beredtsamkeit leiste, darüber kannst Du bei vielen Anderen Dir Raths erholen; liegt doch das Redetalent offen und zu Tage, so daß es sofort erkannt wird. Aber das innerste Wesen der Menschen hat grundlose Tiefen und verborgene Gänge, und in
7 dieser Hinsicht halte Dich an meine Bürgschaft für Genitor. Von diesem Manne wird Dein Sohn nichts hören, als was ihm nützen kann, nichts lernen, was ihm besser unbekannt bliebe, und er wird von ihm ebensosehr als von Dir und mir baran gemahnt werden, was seine Ahnen von ihm fordern und welcher und wie großer Namen Ruhm er aufrecht zu erhalten hat. Also vertraue ihn dem Lehrer, unter dem er zunächst einen braven Charakter und dann Beredtsamkeit sich aneignen mag, die ohne einen braven Charakter nur zum Unheil erworben wird. Mögen die Götter ihren Segen dazu geben! Lebe wohl!

4.
C. Plinius an Macrinus¹).

So sehr auch die Freunde, welche eben um mich waren, und die allgemeine Stimme des Publikums mit meinem Verfahren einverstan-den zu sein scheinen, so liegt mir doch viel daran, Deine Ansicht zu
2 hören. Denn wie ich, ehe noch die Entscheidung erfolgt war, nur zu gern gerade Deinen Rath hätte einholen mögen, so fühle ich selbst jetzt, wo sie gefallen ist, ein sehnliches Verlangen, Dein Urtheil zu

---

⁴) Plinius weist auf das damals weit verbreitete Laster der Päderastie hin. Ueberhaupt aber galten die Rhetorenschulen für sittenverderblich: das Schamgefühl wurde dort vielfach erstickt, die Unverschämtheit in der Zungendrescherei und den dialektischen Verdrehungen groß gezogen.
4. ¹) An ihn ist auch II. 7 gerichtet. Der Brief ist im Herbst 101 ge-schrieben,

erfahren. Als ich nach eingeholtem Urlaub, den ich als Schatzpräfelt [2]) nehmen mußte, zur Grundsteinlegung eines auf meine Kosten unternommenen öffentlichen Baues einen Ausflug in's Tuskerland [2]) gemacht hatte, erbaten sich Gesandte der Provinz Bätica [3]), welche über die Amtsführung des Proconsuls Cäcilius Classicus Klage führen wollten, mich vom Senate als Beistand. Meine braven und gegen mich 3 sehr freundschaftlich gesinnten Collegen sprachen dagegen von den dringenden Geschäften unseres gemeinsamen Amtes und suchten mich zu entschuldigen und frei zu machen. Darauf wurde der höchst ehrenvolle Senatsbeschluß gefaßt, ich solle den Bewohnern der Provinz zum Anwalt gegeben werden, wenn sie meine eigene Einwilligung dazu erlangen könnten. Die Gesandten erhielten eine zweite Audienz und 4 verlangten mich, der wieder anwesend war, abermals zu ihrem Vertreter, indem sie dabei meinen Schutz anriefen, den sie bereits gegen Bäbius Massa [4]) erfahren hätten, und sich auf das zwischen uns bestehende Patronatsverhältniß bezogen. Es erfolgte darauf die laute Beistimmung des Senates, welche dessen Beschlüssen vorauszugehen pflegt. Dann erklärte ich: „ich gebe es auf, versammelte Väter, zu glauben, daß die von mir vorgebrachten Entschuldigungsgründe stichhaltig sind." Die Bescheidenheit und die ganze Art meiner Worte gesiel. Mich bewog zu diesem Entschlusse, wenn auch hauptsächlich, 5 doch nicht allein die Einstimmigkeit des Senates, sondern auch andere Gründe, die zwar von minderer, aber doch immer von einiger Bedeutung sind. Ich bedachte, daß unsere Altvordern selbst gegen die einzelnen Gastfreunden widerfahrenen Unbilden mit freiwilligen An-

---

[2]) Vgl. Anm. 3 zu I. 10. Das Urlaubsgesuch an Trajan findet sich im achten Briefe an den Kaiser. Die angedeutete Reise ging nach Tifernum Tiberinum, das ihn schon in früher Jugend zu seinem Patron ernannt hatte (IV. 1. 4) und wo er damals den Grund zu einem auf seine Kosten zu erbauenden Tempel legen wollte, der IV. 1 bereits vollendet erscheint. Der Ort lag an den Quellen des Tiberflußes jenseits des Apennin; die Familie des Plinius besaß dort bedeutende Grundstücke.

[3]) Vgl. Anm. 3 zu I. 7.

[4]) Ein habsüchtiger und blutdürstiger Denunciant und Ankläger aus Domitians Zeit, der im Jahre 93, weil er als Procurator das bätische Spanien gebrandschatzt hatte, auf die im Auftrage des Senats von Plinius und Herennius Senecio für die Provinz geführte Anklage zur Verbannung verurtheilt wurde.

klagen [5]) aufgetreten seien, und hielt es für um so unziemlicher, das
6 Gaſtrecht eines ganzen Staates unbeachtet zu laſſen. Und da ich nicht
vergeſſen hatte, wie großen Gefahren ich mich bei meinem früheren
Auftreten für dieſelben Bätiker unterzogen hatte, ſo glaubte ich mir
das Verdienſt jener vergangenen Vertretung durch ein neues wahren
zu müſſen. Denn es liegt einmal in der Natur, daß alle Wohlthaten
keinen Beſtand haben, wenn man nicht ſpäter neue hinzufügt; pflegt
doch, wenn man ſich die Menſchen auch noch ſo ſehr verpflichtet hat,
ſobald man ihnen eine einzige Bitte abſchlägt, eben nur das, was man
7 ihnen nicht gewährte, im Gedächtniß zu bleiben. Auch bewog mich
der Umſtand, daß Claſſicus verſchieden, alſo gerade Dasjenige aus dem
Wege geräumt war, was bei derartigen Fällen in der Regel am
Schmerzlichſten berührt, nämlich die Gefährdung eines Senators. Ich
ſah alſo, daß dieſe Vertretung mir ebenſoviel Dank, als wenn er
noch lebte, einbringen und nicht die geringſte Feindſchaft zuziehen
8 würde. Kurz, ich bedachte, daß, wenn ich dieſes Amt nun ſchon zum
dritten Male [6]) übernähme, mir für den Fall, daß es Jemand beträfe,
den ich füglich nicht anklagen dürfte, eine entſchuldigende Ablehnung
9 weit leichter werden muß. So haſt Du denn die Beweggründe zu
meinem Verfahren gehört und kannſt nun für oder wider Dein Urtheil
abgeben, wobei Du überzeugt ſein darfſt, daß mir die aufrichtige Aus-
ſprache Deiner Mißbilligung ebenſo willkommen ſein wird als die ge-
wichtige Erklärung Deines Beifalls. Lebe wohl!

5.

C. Plinius an Bäbius Macer [1]).

Es iſt mir außerordentlich angenehm, zu hören, daß Du die

---

[5]) D. h. ohne daß die geſchädigte, in Gaſtfreundſchaft mit einem angeſehenen
römiſchen Bürger, der dadurch ihr Patron wurde, oder mit Rom ſelbſt ſtehende
Provinz oder Gemeinde beſonders darum zu bitten brauchte; denn das Recht der
Gaſtfreundſchaft galt, mochte es Einzelne oder Geſammtheiten betreffen, für ein heiliges und ſtand unter dem Schutze der Götter.

[6]) Zuerſt für dieſelben Bätiker gegen Maſſa, dann für die Africaner gegen
Priscus (vgl. II. 11).

5. [1]) Er wird noch IV. 9. 16 und IV. 12. 4 erwähnt. Ob der, an welchen
VI. 24 gerichtet, mit ihm oder mit Calpurnius Macer (V. 18, an Trajan

Werke meines Oheims [2]) mit so großem Eifer liesest, daß Du sie alle zu besitzen wünschest und ein vollständiges Verzeichniß derselben verlangst. So will ich denn die Rolle des Bibliographen übernehmen und 2 Dir sogar mittheilen, in welcher Reihenfolge sie geschrieben sind; denn auch das zu wissen, kann dem Gelehrten nur wünschenswerth sein.

„Ueber den Speerwurf bei der Reiterei, ein Buch." Dieses mit 3 ebensoviel Geist als Genauigkeit geschriebene Werk verfaßte er als Befehlshaber einer Reiterschwadron.

„Ueber das Leben des Pomponius Secundus, zwei Bücher" [3]), ein Werk, in dem er dem Andenken des innig geliebten Freundes gewissermaßen ein schuldiges Denkmal errichtete.

„Zwanzig Bücher über die Kriege mit den Deutschen," in denen 4 alle von uns mit den Deutschen geführten Kriege zusammengefaßt sind. Er begann dieses Werk während seiner Kriegsdienste in Deutschland, und zwar in Folge eines Traumgesichtes. Denn es erschien ihm im Schlafe das Bild des Drusus Nero [4]), der, nachdem er den Ruhm seiner Waffen weit durch Deutschland getragen, dort starb; er legte ihm sein Gedächtniß an's Herz und bat, ihn unverdienter Vergessenheit zu entreißen.

„Der junge Redner, drei Bücher" wegen ihres Umfangs auf 5

---

42. 2, 61. 5, 62. 77. 1) identisch oder von beiden verschieden ist, muß dahin gestellt bleiben.

[2]) C. Plinius Secundus, zum Unterschiede von unserm Plinius, seinem Neffen und Adoptivsohn, auch wol der Aeltere zubenannt, im Jahre 23 zu Novocomum geboren. Im Jahre 50 diente er in Deutschland als Befehlshaber der Reiterei unter demselben ihm befreundeten Pomponius Secundus, dessen Leben er später beschrieb. Diese Stellung veranlaßte ihn zur Abfassung der Werke über den Speerwurf der Reiterei und über die Kriege mit den Deutschen. Im Jahre 79 war er Befehlshaber der bei Misenum aufgestellten Flotte und wurde als solcher bei dem am 24. August erfolgten Ausbruche des Vesuvs ein Opfer seiner Wißbegierde (vgl. VI. 16).

[3]) Er entging als Anhänger des Sejanus nach siebenjähriger Haft nur durch den Tod des Tiberius dem Verderben (Tacit. Ann. V. 8). Unter Claudius Legat in Obergermanien, erhielt er durch glückliche Bekämpfung der Chatten triumphalische Ehren (Tacit. Ann. XII. 27). Ob er der VII. 17. 11 erwähnte Tragödiendichter sei, läßt sich nicht entscheiden.

[4]) Nero Claudius Drusus, der Bruder des Kaisers Nero, starb während seiner glücklichen Feldzüge gegen die Deutschen am 14. September des Jahres 9 nach Chr.

sechs Bände vertheilt, in denen er den Redner von der Wiege an unterweist und bis zu seiner vollen Ausbildung begleitet.

„Vom Schwankenden und Zweifelhaften im Sprachgebrauch, acht Bücher." Er schrieb diese unter Nero in dessen letzten Jahren, als die Tyrannei jedes nur einigermaßen freiere und selbständigere Studium bereits mit Gefahren umgeben hatte [5]).

6 „Vom Tode des Aufidius Bassus, einunddreißig Bücher" [6]).

„Wissenswürdiges aus der Natur, siebenunddreißig Bücher" [7]), ein weitschichtiges gelehrtes Werk, nicht minder mannigfaltig als die Natur selbst.

7 Du bist wol verwundert, daß ein so beschäftigter Mann so viele und große und darunter so viele Werke der heikelsten Art hat zu Stande bringen können. Du wirst Dich noch mehr wundern, wenn Du erfährst, daß er eine zeitlang fleißig Processe geführt, daß er in seinem sechsundfünfzigsten Jahre gestorben ist und die dazwischen liegende Zeit unter Zerstreuungen und Hindernissen in Folge theils bedeutender Aemter, theils seiner engen Beziehungen zu den Kaisern ver-
8 lebt hat. Allein er war ein scharfer Kopf und besaß eine unglaubliche Arbeitskraft bei sehr geringem Schlafbedürfniß. Er fing an den Vulcanalien [8]) an bei Licht zu arbeiten, nicht um der bloßen Vorbedeutung [9]), sondern im Ernst um des Studirens willen, und zwar noch in tiefer Nacht, im Winter aber von der siebenten, wenn es sehr spät wurde, von der achten, oft sogar von der sechsten Stunde an. Dabei hatte er freilich einen vortrefflichen Schlaf, der ihn manchmal, sogar

---

[5]) Da unter Nero jede freie Meinungsäußerung Gefahr für Freiheit und Leben brachte, wählte Plinius das neutrale Feld der Grammatik.

[6]) Diese Geschichte seiner Zeit, in welcher er das Werk des Aufidius Bassus fortsetzte, umfaßte die Regierung Nero's und seiner Vorgänger, wol von Caligula an (Sueton Caligula 1), und scheint auch noch die Zeit Vespasians, wenigstens zum Theil, behandelt zu haben. Tacitus legt ihr bei verschiedenen Gelegenheiten (Annal. XIII. 30, XV. 53, Histor. III. 28) einen hohen Werth bei.

[7]) Die noch erhaltene Naturgeschichte.

[8]) Dieses dem Vulcan geweihte Fest fiel auf den 23. August.

[9]) Man stand nämlich aus einem religiösen Aberglauben, der in jedem Beginne eines Amtes oder Zeitabschnittes bereits den Fortgang vorangedeutet sah, überhaupt an diesem Tage früher auf und arbeitete bei Licht, ließ aber meist schon am nächsten oder den nächsten Tagen wieder davon ab. Vgl. Ovids Festkalender 1. 169 meiner Uebersetzung.

inmitten seiner Studien überrumpelte und wieder verließ. Vor 9
Tageslicht¹⁰) ging er in der Regel zum Kaiser Vespasian (denn auch
dieser nahm die Nächte zu Hülfe), von da an das ihm angewiesene
Geschäft. Kehrte er nach Hause zurück, so verwandte er die noch
übrige Zeit wieder auf seine Studien. Nach dem Essen, das nach der 10
Sitte der Vorfahren leicht und einfach war und welches er zu früher
Stunde einnahm, legte er sich oft, wenn er eben keine weiteren Geschäfte hatte, in die Sonne¹¹), ließ sich ein Buch vorlesen und machte
sich seine Bemerkungen und Excerpte. Denn er las nichts, ohne sich
Auszüge daraus zu machen; pflegte er doch zu sagen, kein Buch sei so
schlecht, daß es nicht zu irgend etwas nütze. Nach dem Sonnen nahm 11
er in der Regel ein kaltes Bad; dann genoß er etwas und schlief ein
wenig, und dann, als wäre wieder ein neuer Tag angebrochen, studirte
er bis zur Zeit der Hauptmahlzeit¹²). Während derselben wurde ein
Buch vorgelesen und Bemerkungen dazu gemacht, und zwar in flüch-
tigster Form. Ich erinnere mich noch, daß, als der Vorleser sich 12
etwas versprochen hatte und einer der Freunde meines Oheims ihn
innehalten und das Vorhergegangene wiederholen ließ, dieser jenen
fragte: „du hattest es ja doch wol verstanden?"; und als er die
Frage bejahte, entgegnete der Oheim: „warum ließest du ihn denn
noch einmal lesen? wir haben zehn Zeilen und darüber durch deine
Unterbrechung verloren." So groß war seine Sparsamkeit mit der 13
Zeit. Im Sommer stand er noch bei Tage, im Winter vor der ersten
Stunde der Nacht¹³), und zwar wie nach einem bindenden Gesetze,
vom Tische auf. Das alles mitten unter seinen Geschäften und mitten
im Geräusche der Stadt. War er auf dem Lande, so wurde nur die 14
Zeit des Bades von den Studien ausgenommen, d. h. ausgenommen
insofern, als es sich um ernstere Studien handelte; denn während des

---

¹⁰) Zu den Vorrechten und Pflichten der Freunde des Kaisers (vgl. Anm. 3
zu I. 17) gehörte es, daß sie dem Kaiser an jedem Morgen ihre Aufwartung
machen durften. Gerade Vespasian nahm diese Besuche gern schon in der Morgen-
dämmerung an und unterhielt sich mit den Erschienenen im Bett und während des
Anziehens.
¹¹) Vgl. Anm. 6 zu III. 1.
¹²) Im Sommer gegen 3, im Winter gegen 2 Uhr Nachmittags.
¹³) Also bereits gegen 4 Uhr.

Frottirens und Abtrocknens [14]) ließ er sich vorlesen oder diktirte etwas.
15 Auf der Reise, wie aller übrigen Sorgen enthoben, verwandte er seine
Zeit hierauf allein, ihm zur Seite saß ein Schnellschreiber mit einem
Buche und einer Schreibtafel [15]), der im Winter die Hände mit Hand-
schuhen verwahren mußte, damit die rauhe Witterung den Studien
keine Zeit entziehe. Deßhalb ließ er sich auch zu Rom in einer Porte-
16 chaise tragen. Ich erinnere mich, daß er mich einmal tadelnd·fragte,
weßhalb ich denn spazieren gienge? „Du könntest," meinte er, „diese
Stunden besser verwenden." Denn er hielt jede Zeit für schlecht an-
17 gewandt, die nicht wissenschaftlichen Beschäftigungen diente. Durch
diesen angestrengten Fleiß brachte er viele Werke zu Stande und hinterließ mir noch 160 Bände Kollektaneen, und zwar auf beiden Seiten [16])
und in kleinster Schrift geschrieben, wodurch die Zahl noch um ein
Bedeutendes erhöht wird. Er erzählte öfter, er habe diese Samm-
lungen, als er Procurator in Spanien [17]) war, für 400,000 Sesterzien [18]) an Largius Licinus [19]) verkaufen können, und damals waren
18 sie noch lange nicht zu dieser Bändezahl angewachsen. Sollte man,
wenn man bedenkt, wie viel er gelesen, wie viel er geschrieben, nicht
glauben, er habe außerdem weder irgend ein Amt bekleiden, noch in
freundschaftlichem Verkehr mit dem Kaiser stehen können? oder auf der
andern Seite, wenn man hört, wie viel Mühe und Arbeit er auf die
Wissenschaft verwendet, er habe noch nicht genug geschrieben und gelesen? Denn was können nicht einerseits jene Beschäftigungen alles
19 verhindern und andrerseits diese Rastlosigkeit alles vollführen? Darum
muß ich gar oft lachen, wenn man mich strebsam nennt, mich, der in
Vergleich mit ihm der ärgste Müssiggänger ist. Doch was rede ich
nur von mir, den die Verpflichtungen theils gegen den Staat, theils

---

[14]) Vgl. Anm. 11 zu II. 17.

[15]) Die Reisewagen waren so bequem und raffinirt ausgestattet und eingerichtet, daß man darin nicht nur lesen, sondern auch schreiben konnte. Die Erfindung der Tachygraphie oder Stenographie wird dem Freigelassenen des Ciceros,
Tiro, zugeschrieben.

[16]) Man beschrieb in der Regel das Papier nur auf einer Seite, was die
spätere Form des Buches schon (denn die Bücher waren Rollen) räthlich machte.

[17]) Vgl. Anm. 2 zu II. 12.

[18]) Nahe an 80,000 Thaler.

[19]) Vgl. Anm. 13 zu II. 14.

gegen meine Freunde hin- und herziehen? Wer von Denen, die ihr ganzes Leben über wissenschaftlichen Beschäftigungen brüten, müßte nicht, mit ihm gemessen, sich erröthend als einen Träumer und Tagedieb bekennen?

Mein Brief ist lang geworden, obwohl ich nur Deine Anfrage 20 zu beantworten mir vorgenommen hatte, nämlich welche Schriften er hinterlassen habe. Allein ich bin der festen Ueberzeugung, daß Dir meine Mittheilungen nicht minder willkommen sein werden, als die Bücher selbst; denn sie können für Dich ein Sporn zur Nacheiferung sein, der Dich nicht nur antreibt, jene zu lesen, sondern auch etwas Aehnliches zu schaffen. Lebe wohl!

6.

C. Plinius an Annius Severus[1].

Ich habe vor Kurzem von der mir zugefallenen Erbschaft eine korinthische Statue[2] gekauft, zwar klein, aber gefällig und hübsch ausgeprägt, so viel ich davon verstehe, der vielleicht überhaupt nicht viel, in diesem Fache aber sicherlich sehr wenig versteht. Allein dieses Bildwerk kann auch ich beurtheilen. Denn es ist nackt und verbirgt 2 also die Fehler, die es etwa hat, nicht, noch läßt es die Vorzüge zu wenig hervortreten. Es stellt einen stehenden alten Mann dar; Knochen, Muskeln, Sehnen, Adern und Runzeln sogar geben ein volles Bild des Lebens. Das Haar ist dünn und im Schwinden begriffen, die Stirn breit, das Gesicht zusammengeschrumpft, der Hals schmächtig, die Armmuskeln schlaff, die Brustwarzen welk, der Leib eingefallen. Auch die Rückseite deutet, soweit eine Rückseite dieses kann, 3 auf dasselbe Alter. Das Erz ist, so viel sich aus der ächten Farbe schließen läßt, alt und antik, überhaupt Alles von der Art, daß es das Auge eines Künstlers fesseln und den Laien erfreuen kann. Das hat 4 denn auch mich, obwohl ich ein schwacher Dilettant bin, zum Ankauf verleitet. Doch habe ich es nicht gekauft, um es im Hause zu behal-

6.   [1] Vgl. Anm. 1 zu I. 22. Annius Severus ist, wie aus III. 6. 4 erhellt, Landsmann des Plinius aus Comum.

   [2] Vgl. Anm. 8 zu III. 1.

ten (denn ich habe bis jetzt in meinem Hause noch nichts Korinthisches), sondern um es in unserer Vaterstadt an irgend einem besuchten Platze aufstellen zu lassen, und zwar am liebsten im Tempel des Jupiter; denn es scheint mir ein des Tempels und des Gottes würdiges Ge-
5 schenk. Also nimm Du, wie Du Dich allen meinen Aufträgen zu unterziehen pflegst, auch diese Mühe auf Dich und laß schon jetzt aus irgend einem Marmor nach Deinem Geschmack ein Fußgestell anfertigen, das meinen Namen und, falls Du auch diese hinzufügen zu
6 müssen glaubst, meine Ehrentitel faßt[3]). Die Statue selbst schicke ich Dir, sobald ich Jemand finde, der sie gern mitnimmt, oder ich bringe sie, was Du noch lieber sehen wirst, selbst. Denn ich habe vor, wenn es anders meine Amtsgeschäfte[4]) erlauben, einen Ausflug zu Euch zu
7 machen. Freuest Du Dich über das Versprechen meines Besuches, so wirst Du doch die Stirn runzeln, wenn ich hinzufügen muß, daß ich nur auf wenige Tage kommen kann. Denn dieselben Gründe, welche mir die Abreise jetzt noch nicht gestatten, verbieten mir auch eine längere Abwesenheit. Lebe wohl!

7.

C. Plinius an Caninius Rufus[1]).

Soeben wird mir gemeldet, daß Silius Italicus[2]) auf seinem Landgute bei Neapel sein Leben durch freiwilligen Hungertod beschlossen hat. Der Grund zu diesem Tode lag in einem körperlichen Leiden.

---

[3]) Die Rangeunterschiede, Titel und Würden pflegte man, weil die ganze Familie durch dieselben miterhoben wurde, mit ängstlicher Sorgfalt überall genau anzugeben (vgl. Anm. 1 zu II. 6).

[4]) Plinius war noch Präfect des Staatsschatzes im Tempel des Saturn (vgl. Anm. 3 zu I. 10).

7. [1]) Vgl. Anm. 1 zu I. 3. Der Brief fällt in das Jahr 101.

[2]) Im Jahre 24 als Sohn einer angesehenen Familie geboren, bekleidete er im Jahre 68 das Consulat und erhielt darauf die Verwaltung der Provinz Asien. Dann zog er sich auf seine Landgüter zurück und lebte gelehrten Studien und der Dichtkunst, in der er sich als sclavischen Nachahmer Vergils erweist. Sein im 15. Jahrhundert wieder aufgefundenes episches Gedicht über den zweiten punischen Krieg („Punica" betitelt) in 18 Büchern bestätigt vollkommen das von Plinius über dasselbe ausgesprochene Urtheil. Ueber seinen Tod vgl. Anm. 4 zu I. 22.

Er bekam einen unheilbaren Auswuchs, der ihm das Leben so ver- 2 leibete, daß er mit unwandelbarer Festigkeit dem Tode entgegenging, bis zu seinem letzten Tage im vollen und ungestörten Glück, nur daß er den jüngeren seiner beiden Söhne verlor, den älteren und besseren jedoch in glücklichen Verhältnissen und sogar als Consularen hinterließ. Unter Nero hatte sein guter Ruf gelitten; man glaubte, er habe sich 3 freiwillig zum Ankläger hergegeben[3]).   Aber in der Gunst des Vitellius hatte er sich weise und leutselig benommen, war aus seinem Proconsulate in Asien mit Ruhm heimgekehrt und hatte den Makel seiner früheren Geschäftigkeit durch ein ehrenwerthes Stillleben abge- waschen.   Er lebte unter den ersten Männern des Staates ohne Ein- 4 fluß und ohne Neid: man machte ihm Morgenbesuche[4]), man bewies ihm seine Hochachtung, und gar oft brachte er, im Bette liegend, in einem nicht aus Rücksicht auf seine äußeren Verhältnisse viel besuchten Zimmer die Tage in der gebildetsten Unterhaltung hin, wenn er näm- lich nicht mit schriftstellerischen Arbeiten beschäftigt war.   Er schrieb 5 Gedichte mit mehr Kunst als Geist und las dieselben dann und wann vor, um das Urtheil Anderer zu erfahren.   Vor einiger Zeit zog er 6 sich in Rücksicht auf seine Jahre aus der Stadt zurück, nahm in Cam- panien seinen bleibenden Aufenthalt und ließ sich von dort selbst nicht durch die Ankunft des neuen Kaisers fortbringen[5]).   Viel Ehre für 7

---

[3]) Schon zur Zeit der Republik übernahmen in der Regel nur junge Redner, um sich auf dem Forum einzuführen, Anklagen; für das gereiftere Alter hatte eine Anklage immer etwas Abschreckendes und Gehässiges. So blieb es auch während der Kaiserzeit, in der nur Denuncianten und Gunstbuhler bei der Despotie aus freiem Antriebe sich zu Anklägern hergaben. Trug dagegen der Senat eine An- klage auf, wie die gegen Marius Priscus (vgl. II. 11. 2) dem Tacitus und Plinius, so galt das für ehrenvoll.

[4]) Der rege gesellschaftliche Verkehr in Rom legte den Einzelnen zahlreiche Verpflichtungen der Etiquette auf.   Darunter waren besonders die Morgenbesuche meist in den ersten Stunden des Tages, welche nicht nur die unterthänigen Clien- ten ihren Patronen und Brodherrn, sondern auch die vornehme Welt sich gegen- seitig machte.   Besonders wurden die Häuser der Reichen, Vornehmen und Einfluß- reichen fast überlaufen.   Um besto mehr Grund hatte Plinius, in den dem Silius, einem vom öffentlichen Leben ganz zurückgezogenen Manne, gemachten Besuchen eine Anerkennung des Charakters und der wissenschaftlichen Bedeutung desselben zu sehen.

[5]) Trajan war zu der Zeit, wo Nerva starb (98), als Oberfeldherr beim

ben Kaiser, unter bem Das frei stanb, aber auch viel Ehre für ben, ber sich bieser Freiheit zu bebienen wagte. Er war ein Freunb alles Schönen, in so hohem Grabe sogar, baß er ben Tabel ber Kaufsucht 8 sich zuzog. Er besaß mehrere Villen in einer unb berselben Gegenb, zog aber immer bie neuen auf Kosten ber alten vor. Da fanb man eine große Bibliothek [6]), viele Statuen unb viele Bilber, bie er nicht etwa nur besaß, sonbern benen er einen förmlichen Cultus erwies, vor allen aber bem Bilbe bes Vergil, bessen Geburtstag er feierlicher als seinen eigenen beging, zumal in Neapel, wo er bessen Grab gleich einem 9 Tempel zu besuchen pflegte. In biesem Stillleben wurbe er bei einem mehr zarten als schwächlichen Körper über fünfunbsiebenzig Jahre alt, unb wie er ber letzte von Nero ernannte Consul war, so verschieb er auch zuletzt unter Allen, welche Nero zu Consuln gemacht hatte. 10 Auch Das ist merkwürbig: gerabe ber mußte als ber letzte unter ben neronianischen Consularen sterben, unter bessen Consulate Nero um- kam. Bei biesem Gebanken beschleicht mich ber Jammer um bie 11 menschliche Hinfälligkeit. Denn was ist gleich kurz unb beschränkt wie bas menschliche Leben, unb wäre es ein noch so langes gewesen? ober ist es Dir nicht, als hätte Nero noch vor ganz kurzer Zeit gelebt? Trotzbem lebt von Denen, bie unter ihm bas Consulat bekleibeten, 12 keiner mehr. Unb boch, was verwunbere ich mich barüber? Es ist noch gar nicht so lange her, als L. Piso, ber Vater bes Piso [7]), ber

---

pannonischen Heere. Er trat bie Regierung von Köln aus an unb erschien erst im folgenben Jahre (99) in Rom.

[6]) Privatbibliotheken gab es schon im zweiten Jahrhunbert vor Christo in Rom. Allein erst ein Jahrhunbert später wurbe es für jeben Gebilbeten unb Vermögenben zu einer Forberung bes guten Tons, im Besitze bebeutenber Biblio- theken zu sein. Besonbers in ber Kaiserzeit stieg bas Bebürfniß unb bie Liebhaberei so, baß, weil fast jebes Haus eine Bibliothek besaß, selbst bei ben Bauanschlägen bereits Rücksicht auf ein Bibliothekzimmer als auf ein wesentliches Zubehör ge- nommen wurbe. Seneca berichtet von so großen Privatbibliotheken, baß bas ganze Leben ber Besitzer kaum hinreiche, um nur bie Verzeichnisse berselben zu lesen. Aehnlich war es im übrigen Italien unb in ben Provinzen. Daneben entstanben selbst in ben kleinen Stäbten öffentliche Bibliotheken, wie in Como, welche Plinius seiner Vaterstabt geschenkt hatte (vgl. I. 8), aus benen Bücher zu häuslichem Ge- brauche entliehen werben konnten.

[7]) Er war im Jahre 57 Consul, bann unter Vespasian 70 Proconsul von

unter der ruchlosen Mörderhand des Valerius Festus erlag, zu äußern pflegte, er sehe im Senate Keinen mehr, den er selbst als Consul zur Abstimmung aufgerufen habe. So enge sind die Grenzen, in welche [13] selbst die Lebenskraft einer so großen Menschenzahl eingeschlossen ist, daß mir die Thränen jenes Königs nicht nur verzeihlich, sondern selbst lobenswerth erscheinen. Als Xerxes nämlich sein unermeßliches Heer überschaute, soll er darüber geweint haben, daß von so vielen Tausenden über ein Kurzes Keiner mehr sein werde[8]). Um desto mehr laß [14] uns die kurze Spanne der flüchtigen Zeit, wenn nicht durch Thaten (dazu liegt ja der Anlaß nicht in unserer eigenen Hand), so doch durch wissenschaftliche Beschäftigung verlängern und, sofern uns ein langes Leben versagt wird, etwas hinterlassen, was ein Zeugniß von unserm einstigen Dasein gebe. Ich weiß, Du brauchst des Antriebes nicht; [15] doch drängt mich die Liebe zu Dir, Dir selbst im vollen Laufe noch den Sporn zu geben, wie Du es bei mir thust. „Schön ist der Kampf"[9]), wenn Freunde sich mit gegenseitigem Zurufe zum Streben nach der Unsterblichkeit anfeuern. Lebe wohl!

8.
C. Plinius an Suetonius Tranquillus.

Das ist ja ganz wieder Deine alte rücksichtsvolle Förmlichkeit, die Du immer gegen mich einhältst, wenn Du mich so ängstlich bittest, das Tribunat[1]), welches ich bei dem hochwür-

---

Africa. Als solcher suchte er einen Aufstand zu erregen, wurde aber von dem Legaten Valerius Festus ermordet (Tacit. Histor. IV. 48—50).

[8]) Vgl. Herodot VII. 45.

[9]) Ilias VIII. 293.

8. [1]) Natürlich das Militärtribunat. Wie überhaupt die Titel der republikanischen Würden im Kaiserreich ohne deren Inhalt verliehen und maßlos erstrebt wurden, so selbst dieser militärische Titel. Das Amt dauerte freilich, wie die Verhältnisse es nicht anders erlaubten, auch in seiner frühern Bedeutung bei denjenigen Tribunen der Legionen fort, welche einem solchen Truppentheile wirklich im Felde vorstanden. Aber schon Claudius stiftete ein Tribunat imaginärer Art, das sogenannte supernumeräre oder sechsmonatliche (unsern Militärchargen à la suite entsprechend), welches man abwesend und dem bloßen Namen nach innehaben konnte. Solche Titulartribunen trugen ebenfalls den goldenen Ring. Ehrgeizige junge Leute

bigen [2]) Neratius Marcellus [3]) für Dich ausgewirkt habe, auf Deinen
2 Verwandten Cäsennius Silvanus zu übertragen. Nun, so außerordentlich lieb es mir gewesen wäre, Dich selbst als Tribunen zu sehen,
so ist es mir nicht minder angenehm, einen Anderen durch Deine Ver-
mittlung dazu gelangen zu lassen. Denn ich meine, es will nicht recht
passen, einem Manne, den man zu Ehren erheben möchte, den Ehren-
namen eines zärtlichen Verwandten zu mißgönnen, der doch schöner
3 als alle Würden ist. Auch sehe ich, daß, da es gleich rühmlich ist,
Wohlthaten zu verdienen und zu erweisen, Du Dir beide Verdienste
zugleich erwerben wirst, wenn Du Das, was Du selbst verdient, auf
einen Anderen überträgst. Außerdem begreife ich, daß es auch mir
zum Ruhme gereichen wird, wenn durch diese Deine Handlung bekannt
wird, daß meine Freunde das Tribunat nicht nur führen, sondern auch
4 verleihen können. Darum willfahre ich Deinem höchst ehrenwerthen
Verlangen mit Freuden. Denn bis jetzt ist Dein Name noch nicht in
die Rollen eingetragen, und so habe ich freie Hand, den Namen des
Silvanus statt des Deinigen einzuschieben. Ich wünsche nur, daß ihn
Deine Gefälligkeit ebenso angenehm berühren möge, wie die meinige
Dich berührte. Lebe wohl!

9.
C. Plinius an Cornelius Minicianus [1]).

Ich kann Dir jetzt ausführlich berichten, wie viel Mühe und
Arbeit ich in dem Staatsproceß der Provinz Bätica [2]) durchzumachen
2 gehabt habe. Denn die Sache war weitverzweigt und es wurden
mehrere Verhandlungen mit großer Verschiedenheit des Ausganges
abgehalten. Woher diese Verschiedenheit? weßhalb mehrere Verhand-

erhielten durch diese Würde einen Rang in der Gesellschaft und einen Anspruch auf
weitere Beförderung. Verliehen wurde dieselbe vom Kaiser und seinen Günstlingen,
aber auch von den Commandanten der Heere.
  [2]) Eigentliches Prädicat der Senatoren.
  [3]) 2. Neratius Marcellus war im Jahre 103 Statthalter von Britannien.
9. [1]) An ihn ist noch IV. 11 gerichtet. Er war, wie Plinius, aus Oberitalien
gebürtig (VII. 22. 2). Wahrscheinlich ist auch der Adressat von VIII. 12 dieser
Cornelius.
  [2]) Vgl. Anm. 3 zu I. 7.

lungen? Cäcilius Classicus, ein gemeiner und offenkundig schlechter Mensch, hatte das Proconsulat in dieser Provinz mit eben so großer Tyrannei, als mit schmutziger Habsucht in demselben Jahre verwaltet, in welchem Marius Priscus[3]) Proconsul in Afrika war. Priscus 3 aber stammte aus Bätica, Classicus aus Afrika. Daher war denn ein nicht übles Bonmot der Bätiker (wie ja gar oft die Erbitterung auch witzig macht) im Schwange: „schlechte Ausfuhr, schlechte Einfuhr"[4]). Allein gegen Marius betrieb nur eine einzige Stadt von 4 Staatswegen und viele Privatleute die Klage bis zum Endspruch; über Classicus dagegen fiel eine ganze Provinz her. Er kam der 5 Anklage durch zufälligen oder freiwilligen Tod zuvor. War so sein Tod zwar kein ehrloser[5]), so war er doch ein anrüchiger; denn obwohl es glaublich erschien, daß er habe aus dem Leben gehen wollen, weil er sich nicht vertheidigen konnte, so fand man es doch wunderlich, daß ein Mann, der sich nicht schämte, Verdammungswürdiges zu begehen, sich der Schande der Verdammniß durch den Tod sollte entzogen haben. Trotzdem bestand die Provinz auf der Anklage selbst gegen den Ver- 6 storbenen. Dieser Fall ist im Gesetze vorgesehen, war aber nicht zur Anwendung gekommen und wurde jetzt erst nach langer Unterbrechung wieder zugelassen. Die Bätiker gingen noch weiter, indem sie zugleich die Genossen und Helfershelfer zur Anzeige brachten und mit Nennung der Namen eine Untersuchung gegen dieselben verlangten. Ich war 7 Beistand der Bätiker und mit mir Luccejus Albinus[6]), ein Mann von reicher, blühender Beredtsamkeit, den ich, obgleich er meine Gegenliebe schon früher besaß, seit diesem gemeinschaftlichen Geschäfte noch inniger lieben gelernt habe. Zwar hat der Ruhm, zumal auf dem 8 Felde der Wissenschaft, etwas Exclusives; aber unter uns bestand kein Streit, keine Eifersucht, da jeder von uns unter dem gleichen Joche

---

³) Vgl. Anm. 1 zu II. 11.

⁴) Etwa unser: „Wurst wider Wurst," d. h. in diesem Falle: führt ihr (die Afrikaner) euren Classicus zu uns aus, so führen wir (die Bätiker) unsern Priscus bei euch ein.

⁵) Ich lese mit Alf. Schottmüller (dritte These hinter dessen Doctordissertation de C. Plini Secundi libris grammaticis particula prima. 1858): non fuit mors eius infamis.

⁶) Er wird auch IV. 9. 13 erwähnt.

nicht für sich, sondern für die Sache zog, deren Wichtigkeit und Interesse zu fordern schien, daß wir uns nicht jeder in einer einzigen Rede
9 eine so erdrückende Last auflüden. Wir waren besorgt, es möge weder
der Tag[7]), noch unsere Stimme und unsere Kraft ausreichen, wenn
wir so viele Klagpunkte, so viele Angeklagte, so zu sagen in ein Bündel
zusammenbänden ; dann, es möchte die Aufmerksamkeit der Richter durch
die vielen Namen und die vielen Einzelfälle nicht nur ermüdet, sondern
dieselben sogar verwirrt werden ; ferner, es möchten die Connexionen,
welche die Einzelnen hatten, bei einer solchen Zusammenstellung und
Vermischung selbst den Einzelnen in ihrer Gesammtwirkung zu Gute
kommen ; endlich, es möchten die Allerunbedeutendsten gewissermaßen
als Opferlämmer hingegeben und die Angesehensten durch fremde
10 Wunden heil werden[8]). Denn Gunst und Intrigue treiben gerade
dann am freiesten ihr Spiel, wenn sie sich hinter irgend einem Anschein
11 von Strenge verstecken können. Ein lehrreiches Exempel bot uns
Sertorius mit dem stärksten und schwächsten Manne seines Heeres und
dem Pferdeschweif[9]) — Du kennst das Uebrige ja. Denn auch wir
sahen ein, daß eine so zahlreiche Schaar von Angeklagten sich nur dann
würde bewältigen lassen, wenn wir sie einzeln vor die Klinge nähmen.
12 Und so beschlossen wir denn zunächst, die Strafbarkeit des Classicus
selbst darzuthun. Das gab dann den besten Uebergang zu seinen Genossen und Helfershelfern, die als solche nur nach der Feststellung seiner Strafbarkeit überwiesen werden konnten. Zwei derselben, den
Bäbius Probus und den Fabius Hispanus, nahmen wir gleich in der
Anklage gegen Classicus mit vor, beide stark durch Connexionen,

---

[7]) Alle öffentlichen Verhandlungen mußten mit Sonnenuntergang des für dieselben bestimmten Tages vollendet sein; geschah dieses nicht, so mußte an einem andern Tage die ganze Verhandlung von neuem aufgenommen werden.

[8]) Plinius fürchtete also, es möchten, um einen Schein der Gerechtigkeit zu
wahren, einige weniger Gravirte verurtheilt werden, damit man die Haupt-
schuldigen durchschlüpfen lassen könne.

[9]) Um seinem Heere anschaulich zu machen, wie vortheilhaft es sei, die feind-
liche Macht zu theilen und dann in ihrer Vereinzelung zu schlagen, ließ Sertorius
den kräftigsten Soldaten vortreten und befahl ihm, einem altersschwachen Pferde
den Schweif mit einem Male auszuziehen. Da dieß nicht gelingen wollte, mußte
der schwächste Mann die einzelnen Haare aus dem Schweife eines jungen Rosses
einzeln ausziehen, was natürlich ohne jede Anstrengung vollführt wurde.

Hispanus außerdem noch durch Beredtsamkeit. Hinsichtlich des Claffi- 13
cus hatten wir kurze und leichte Arbeit. Er hatte ein eigenhändiges
Verzeichniß hinterlaffen, woraus sich ergab, was er aus jedem Gegenstande und aus jedem Handel gelöst hatte; er hatte sogar einen prah-
lerischen und ruhmredigen Brief an ein Liebchen in Rom geschrieben,
worin wörtlich stand: „Triumph, Triumph! Ich komme frei zu Dir;
bereits habe ich aus dem Verlaufe eines Theils meiner bätischen Er-
rungenschaften 4 Millionen Sesterzien[10]) herein!" Desto mehr mach- 14
ten uns Hispanus und Probus zu schaffen. Ehe ich auf ihre Verbrechen einging, glaubte ich es dahin bringen zu müffen, daß kein
Zweifel mehr darüber obwalte, auch die Hülfeleistung sei ein Verbrechen;
nämlich ehe ich dieses festgestellt, würde ich mich vergeblich bemüht haben,
sie als Helfershelfer zu erweisen. Denn ihre Vertheidigung stützte sich 15
nicht darauf, daß sie läugneten, sondern daß sie als Entschuldigungs-
grund Nöthigung anführten; sie seien nämlich Provinzbewohner und
so durch die Furcht zum Gehorsam gegen jeden Befehl der Proconsuln
gezwungen. Claudius Restitutus[11]), mein Gegner, ein geübter, nichts 16
übersehender und bei noch so unerwarteten Vorkommnissen schlagfertiger
Mann, hat wiederholt erklärt, es sei ihm nie so dunkel vor den Augen,
nie so verwirrt zu Muthe gewesen, als wie er gerade diejenigen Ver-
theidigungspunkte, auf die er sein ganzes Vertrauen gesetzt, sich vor-
weggenommen und entwunden gesehen. Der Erfolg unseres Plans 17
war: der Senat entschied, das Vermögen, welches Claffsicus vor seinem
Abgange in die Provinz besessen, solle von dem übrigen geschieden und
jenes der Tochter, dieses den Beraubten überlaffen werden. Dazu
kam der Zusatz, das Geld, welches er an seine Gläubiger gezahlt, solle
wieder eingezogen werden. Hispanus und Probus wurden auf fünf
Jahre verbannt. Als so gravirend wurde jetzt Das angesehen, bei
dem man anfangs zweifelte, ob es überhaupt ein Verbrechen sei.
Wenige Tage darauf erhoben wir die Anklage gegen Claudius Fuscus, den 18
Schwiegersohn des Claffsicus, und gegen Stilonius Priscus, welcher
Cohortentribun unter Claffsicus gewesen war, allein mit ungleichem
Erfolge: Priscus wurde auf zwei Jahre aus Italien verwiesen,

---

10) Nahe an 800,000 Thaler.
11) Wol derselbe, an_den VI. 17 gerichtet ist.

19 Fuscus aber freigesprochen. Bei der dritten Verhandlung hielten wir
es für das Angemessenste, Mehrere zusammen zu nehmen, damit nicht,
wenn sich die Untersuchung zu lange hinauszöge, die strenge Gerechtigkeit der Richter vor einer gewissen Uebersättigung und vor Ueberdruß
erlahme. Ueberdieß waren nur noch Beklagte von geringer Erheb-
lichkeit übrig, die wir absichtlich für diese Gelegenheit aufgespart hatten,
mit der einzigen Ausnahme der Frau des Classicus, welche, so schwere
Verdachtsgründe auch gegen sie vorlagen, doch durch die Beweismittel
20 nicht hinlänglich compromittirt zu sein schien. Gegen die Tochter des
Classicus aber, welche sich ebenfalls unter den Angeklagten befand, lag
nicht einmal ein haltbarer Verdachtsgrund vor. Als ich daher am
Schlusse der Anklagerede sie zu erwähnen hatte (denn ich hatte ja nicht
mehr, wie im Anfange, zu befürchten, es möge dadurch das Gewicht der
ganzen Anklage geschwächt werden), hielt ich es für eine Pflicht der
Ehrlichkeit, eine Unschuldige zu verschonen und sprach das auch offen
21 und in verschiedenen Wendungen aus. Denn einmal richtete ich an
die Abgeordneten die Frage, ob sie mir hinsichtlich ihrer irgend etwas
angegeben hätten, was nach ihrer Ueberzeugung durch Thatsachen erwiesen werden könne; dann gab ich dem Senate zu bedenken, ob ich
die Redegabe, die ich etwa besäße, wol wie einen Dolch an die Kehle
einer Unschuldigen setzen dürfe, und schloß endlich die ganze Stelle mit
den Worten: „da wirft mir vielleicht Einer ein: Du willst Dich also
zum Richter aufwerfen? O nein, ich richte nicht, allein ich kann nicht
vergessen, daß ich aus der Zahl der Richter heraus zum Sachwalter
22 bestellt bin“ 12). Das war der Ausgang dieser so weit verzweigten
Sache, in der Einige freigesprochen, die Mehrzahl verurtheilt und sogar
verbannt wurde, und zwar Einige auf eine bestimmte Zeit, Andere für
23 immer. Durch diesen Senatsbeschluß hat auch unser Fleiß, unsere
Gewissenhaftigkeit und Ausdauer das vollgültigste Zeugniß erhalten,
ein Lohn, wie er allein einer so großen Arbeit würdig und angemessen
24 ist. Du kannst Dir vorstellen, wie erschöpft wir uns fühlen, die so
oft in Rede und Gegenrede auftreten, so viele Zeugen abhören, unter-

---

12) Die Richter waren Senatoren; also würde Plinius als Senator in diesem
Processe Richter gewesen sein, wenn der Senat ihn nicht zum Ankläger bestimmt
hätte.

stützen [13]) und widerlegen mußten. Wie anstrengend und unangenehm 25 war schon das Eine, die geheimen Fürbitten so vieler Freunde der Angeklagten abzuweisen und ihrem offenen Widerstande entgegenzutreten! Ich will Dir nur eine meiner Entgegnungen mittheilen. Als Einige aus der Zahl der Richter selbst zu Gunsten eines besonders beliebten Angeklagten laut gegen meine Worte auftraten, erwiderte ich: „ist er unschuldig, so werden ihm alle meine Worte nichts anhaben können." Du kannst daraus abnehmen, wie viele Wortwechsel, wie viele Ge- 26 hässigkeiten sogar wir haben auf uns nehmen müssen, freilich nur für eine kurze Zeit; denn Pflichttreue stößt zwar für den Augenblick bei Denen an, welchen sie entgegen tritt, wird aber in der Folge von ihnen selbst hoch angesehen und gepriesen.

Anschaulicher konnte ich Dir die Sache nicht machen. Du wirst 27 freilich sagen: „unnütze Mühe; denn was soll ich mit einer so langen Epistel?" Nun, dann frage mich aber auch nicht immer wieder, was in Rom vorgehe. Und bedenke doch, daß ein Brief, der es mit so vielen Tagen, so vielen Untersuchungen und vollends so vielen Beklagten und Fällen zu thun hat, nicht eben zu lang sei. Das alles glaube 28 ich Dir in möglichster Kürze und Genauigkeit geschildert zu haben. Doch es war etwas unbesonnen, wenn ich von meiner Genauigkeit sprach. Es fällt mir eben, wenn gleich zu spät, etwas ein, was ich übergangen habe, und Du sollst auch dieses, wenn gleich an unrechtem Orte, noch haben. So verfährt Homer [14]), und es hat ihm an zahlreichen Nachahmern nicht gefehlt. Außerdem liegt darin noch ein besonderer Reiz, obgleich es von meiner Seite nicht deßwegen geschieht.

Einer der Zeugen, entweder erbost darüber, daß er wider seinen 29 Willen aufgerufen war, oder von einem der Angeklagten angestiftet, versetzte, um die Anklage zu entwaffnen, den Gesandten und

---

[13]) Die Zeugen kamen durch das Kreuzverhör leicht in die Gefahr, sich in ihren Aussagen zu verwickeln und etwas auszusagen, was der Partei, von der sie zum Zeugniß vorgefordert waren, nachtheilig werden konnte. In solchen Fällen suchten die Anwälte sie durch Nebenfragen, durch erklärende Bemerkungen u. dgl. wieder auf den rechten Weg zu bringen.

[14]) Die Beziehung auf Homer, welche sicher nicht ernstlich gemeint ist, hat Plinius dem Cicero (Briefe an Atticus I. 16) entlehnt, welcher bei einem ganz ähnlichen Gegenstande sich scherzend mit Homer entschuldigt.

Agenten [15]) Norbanus Licinianus förmlich in Anklage, indem er behauptete, derselbe treibe bei dem Processe der Casta, der Frau des

30 Classicus, zu Gunsten derselben ein faules Spiel [16]). Nun bestimmt das Gesetz, daß die Sache des Angeklagten erst entschieden und dann die Untersuchung hinsichtlich der geheimen Unterstützung des Angeklagten durch den Ankläger vorgenommen werden soll, weil sich nämlich aus der Anklage selbst die Pflichttreue des Anklägers am besten beurtheilen

31 läßt. Allein den Norbanus schützte nicht die gesetzliche Anordnung, nicht sein Name als Gesandter, nicht sein Amt als Agent; so tief verhaßt ist der auch sonst schuldbeladene Mensch, der, wie Viele, die Zeiten Domitian's ausgenutzt hat, und der seiner Zeit von der Provinz zum Agenten ersehen wurde, nicht weil man ihn als gut und treu, sondern weil man ihn als Feind des Classicus kannte. Denn er war

32 von diesem des Landes verwiesen worden. Er verlangte die Feststellung eines Termines und die Mittheilung der Klagepunkte. Beides wurde abgeschlagen und er im Gegentheil gezwungen, sich sofort zu verantworten. Es geschah; ob mit kecker Dreistigkeit oder mit fester Entschlossenheit, mag ich bei dem schlechten und verdorbenen Charakter des Menschen nicht entscheiden, aber jedenfalls mit großer Schlagfertig-

33 keit. Es wird ihm Vieles vorgeworfen, was ihm mehr schadete, als jene Pflichtverletzung; sogar zwei Consularen, Pomponius Rufus und Libo Frugi, sagten als Zeugen gegen ihn aus, daß er unter Domitian den Anklägern des Salvius Liberalis [17]) vor Gericht beigestanden.

34 Er wurde verurtheilt und auf eine Insel verwiesen. Bei der Anklage gegen Casta pochte ich daher auf nichts so sehr, als darauf, daß ihr Ankläger unter der Anklage geheimen Einverständnisses erlegen sei. Allein ich pochte vergeblich darauf; denn es geschah das gerade Gegentheil und etwas Unerhörtes, nämlich daß nach der Verurtheilung des Anklägers wegen heimlichen Einverständnisses die Angeklagte selbst freigesprochen wurde. Du wirst fragen, was wir begonnen, während

35 dieses vorging. Wir erklärten dem Senate, daß wir für die öffentliche

---

[15]) D. h. den von Seiten der Provinz mit der Sammlung und Herbeischaffung der Beweisstücke Beauftragten.

[16]) D. h. er beschuldigte ihn der Prävarication oder der bewußten und hinterlistigen geheimen Unterstützung und Begünstigung der Gegenpartei.

[17]) Vgl. Anm. 10 zu II, 11.

Verhandlung von Norbanus instruirt worden seien, also, falls jener des heimlichen Einverständnisses überführt werde, uns von Neuem instruiren müßten. So blieben wir also, so lange die Verhandlung über ihn dauerte, ruhig sitzen [18]). Später wohnte Norbanus allen Untersuchungssitzungen bei und behauptete bis zum Schlusse dieselbe Festigkeit oder Unverschämtheit.

Ich muß mich abermals fragen, ob ich nicht wieder etwas ver- 36 gessen habe, und beinahe hätte ich es wirklich wieder gethan. Am letzten Tage ließ Salvius Liberalis die übrigen Abgeordneten gewaltig an, als hätten sie nicht Alle, gegen welche sie von der Provinz das Mandat bekommen, zur Verantwortung gezogen, und brachte sie bei der ihm eigenen Heftigkeit und Redegabe wirklich in Gefahr. Aber ich nahm mich der trefflichen und zugleich so dankbaren Männer an; wenigstens erklären sie offen, es mir zu verdanken, daß sie diesem Sturme entgangen seien.

Da soll nun meine Epistel zu Ende, und zwar unwiderruflich zu 37 Ende sein; nicht ein Buchstabe mehr soll dazu kommen, und wenn mir auch noch etwas Uebergangenes einfallen sollte. Lebe wohl!

10.

C. Plinius an Vestritius Spurinna [1]) und an Cottia.

Bei meinem letzten Besuche habe ich Euch nicht gesagt, daß ich etwas über Euren Sohn geschrieben habe, einestheils weil ich es nicht deßhalb geschrieben hatte, um davon zu sprechen, sondern um meiner Liebe und meinem Schmerze Genüge zu thun, anderntheils weil ich glaubte, Du, Spurinna, der, wie Du mir selbst erzähltest, von einer durch mich gehaltenen Vorlesung gehört hatte, würdest wol auch gehört haben, was ich vorgelesen. Außerdem fürchtete ich, Euch die Festfeier 2 zu verderben, wenn ich Euch Euren bittern Verlust wieder vor die Seele führte. Selbst jetzt noch war ich eine Weile unschlüssig, ob ich Euch auf Euer Verlangen nur so viel, als ich vorgelesen habe, schicken, oder gleich Das beilegen solle, was ich für ein anderes Bändchen auf-

---

[18]) D. h. wir mischten uns nicht in die Verhandlungen.
10. [1]) Vgl. Anm. 9 zu I. 5, Anm. 8 zu III. 1, Brief II. 7. 8.

3 zusparen gedenke. Denn es will meinem bewegten Herzen nicht genug erscheinen, ein mir so theures und heiliges Andenken nur in einer einzigen kleinen Schrift zu feiern; ich denke, es wird für seinen Nachruhm in weiteren Kreisen besser gesorgt werden, wenn man alles auf sein Gedächtniß Bezügliche nicht zugleich, sondern in Abtheilungen gibt. 4 Allein inmitten meiner Unschlüssigkeit, ob ich Alles, was ich eben fertig habe, Euch übermachen oder noch Einiges zurückbehalten solle, schien es mir offener und freundschaftlicher gehandelt, Euch Alles zu übersenden, zumal Ihr mir versichert, es für Euch behalten zu wollen, bis 5 ich mich zur Herausgabe entschließe. Ich habe damit nur noch die Bitte zu verbinden, mir mit gleicher Offenheit mitzutheilen, was nach Eurem Urtheile etwa hinzugefügt, abgeändert oder gestrichen werden 6 sollte. Es mag Euch zur Zeit bei Eurem Schmerze schwer werden, darauf Eure Aufmerksamkeit zu richten. Ja, schwer ist das gewiß; allein Ihr würdet doch einem Bildhauer oder einem Maler, der ein Bild Eures Sohnes fertigte, Fingerzeige geben, was er darin ausprägen, was verbessern solle, und in dieser Weise, meine ich, sollt Ihr auch mich leiten und unterweisen, der nicht ein zerbrechliches und vergängliches, sondern, wie Ihr glaubt, ein unsterbliches Bild zu entwerfen sucht; denn dieses wird ein um so dauernderes sein, je treuer, besser und vollendeter es ist. Lebt wohl!

11.
C. Plinius an Julius Genitor[1].

Unser Artemidor ist überhaupt eine so gutherzige Seele, daß er die Gefälligkeiten seiner Freunde gern in gar zu glänzenden Farben darstellt. So ist denn auch das Lob, welches er meinen Verdiensten um ihn überall zollt, zwar ein wahrempfundenes, aber es geht weit 2 über dieses Verdienst hinaus. Als die Philosophen aus der Stadt ausgewiesen waren[2], befand ich mich bei ihm in seinem Hause vor der Stadt, und zwar, was die Sache desto auffälliger, also gefährlicher machen

---

11. [1] Vgl. III. 3. 5. Gerichtet sind an ihn noch VII. 30. IX. 17.

[2] Im Jahre 93 verbot Kaiser Domitian alle Philosophie und verbannte alle Philosophen und deren Anhänger aus der Stadt.

mußte, ich war gerade Prätor ³). Auch eine nicht unbedeutende Geld-
summe, deren er damals zur Bezahlung seiner zu rühmlichen Zwecken
gemachten Schulden bedurfte, nahm ich, während einige mächtige und
begüterte Freunde hinter dem Berge hielten, auf und lieh sie ihm ohne
Zinsen. Und das that ich, obwohl sieben meiner Freunde entweder 8
hingerichtet oder verwiesen waren (hingerichtet wurden nämlich
Senecio ⁴), Rusticus ⁵) und Helvidius ⁶), verwiesen Mauricus ⁷),
Gratilla ⁸), Arria ⁹) und Fannia) und ich selbst, von so vielen um
mich herum niederschießenden Blitzen gewissermaßen gestreift, aus gewissen untrüglichen Anzeichen ahnen konnte, daß mir ein gleiches Unheil
bevorstehe. Doch Das kann mir, denke ich, noch nicht, wie er überall 4
erklärt, zu besonderm Ruhme angerechnet werden; ich habe mich nur vor
einem Benehmen gewahrt, das mich entehrt haben würde. Denn ich 5
habe seinen Schwiegervater C. Musonius ¹⁰), soweit es für mein
Alter möglich war, hochgeschätzt und bewundert und mich an Artemidor
selbst schon damals, als ich in Syrien bei dem Heere als Tribun

---

³) In demselben oder dem folgenden Jahre bekleidete Plinius die Prätur.

⁴) Der Stoiker Herennius Senecio; vgl. Anm. 5 zu I. 5.

⁵) Arulenus Rusticus; vgl. Anm. 8 zu I. 5.

⁶) Helvidius Priscus, Schwiegersohn und Gesinnungsgenosse des P. Pätus
Thrasea, ein strenger Stoiker (Tacit. Hist. IV. 5), Quästor in Achaja unter Nero,
freimüthiger Volkstribun im Jahre 56 (Tacit. Annal. XIII. 28), wurde nach dem
Tode des Pätus Thrasea 66 verbannt (Plinius' Briefe VII. 19. 4) und ging
nach Apollonia in Macedonien, wurde aber 68 von Galba zurückgerufen. Als
Prätor im Jahre 70 wurde er wegen seines unbeugsamen republikanischen Sinnes
von Vespasian abermals verbannt und durch nachgesandte Mörder getödtet.
Sein Sohn Helvidius, von dem hier die Rede ist, wurde unter Domitian wegen
eines Gedichtes, das Domitian auf sich bezog, hingerichtet. Plinius spricht von
diesem seinem Freunde IV. 21 und IX. 13. Dessen Stiefmutter ist die gleich
folgende Fannia, des Vaters zweite Gemahlin (IX. 13. 4).

⁷) Vgl. Anm. 11 zu I. 5.

⁸) Pomponia Gratilla, Arulenus Rusticus' Gemahlin.

⁹) Gemahlin des Pätus Thrasea, Mutter der Fannia (IX. 13. 4).

¹⁰) C. Musonius Rufus, ein römischer Ritter, der berühmteste Stoiker seiner
Zeit, aus Volsinii in Etrurien gebürtig, trat mit außerordentlichem Erfolge als
Lehrer der Philosophie in Rom auf. Er wurde bei Gelegenheit der Pisonischen
Verschwörung eingezogen (Tacitus' Annal. XV. 71) und im Jahre 66 nach der
Insel Gyara verbannt. Der im Anfange unseres Briefes erwähnte Artemidorus
war sein Schüler und Schwiegersohn.

stand[11]), in inniger Freundschaft angeschlossen und dadurch das erste Anzeichen von einigem Geist gegeben, daß ich in ihm einen Weisen oder doch einen Mann zu erkennen glaubte, der dem Ideale eines Weisen 6 sehr nahe käme. Denn unter Allen, welche sich jetzt den Namen Philosophen beilegen, wird kaum einer oder der andere von gleicher Aufrichtigkeit und Wahrheitsliebe erfunden werden. Ich will nicht davon reden, wie wenig den abgehärteten Mann Winterfrost und Sommerglut rühren, wie er allen Mühseligkeiten Trotz bietet, wie wenig bei Speise und Trank der Reiz der Sinne ihm gilt und wie er 7 die Gelüste seiner Augen und seines Herzens zu zähmen weiß. Das sind große Eigenschaften, aber nur bei Anderen; bei ihm aber kommen sie gar nicht in Betracht, wenn man sie mit den übrigen Vorzügen vergleicht, die ihm die Ehre erwarben, vor allen Bewerbern aus allen Ständen von C. Musonius zum Schwiegersohn erlesen zu werden. 8 Wenn ich daran denke, so berührt mich das reiche Lob, womit er mich sowohl bei Dir als auch bei Andern überschüttet, allerdings angenehm; allein ich fürchte, daß er darin das Maß überschreite, welches er überhaupt bei seiner schon erwähnten Gutherzigkeit nicht innezuhal- 9 ten pflegt. Denn in dem einen Punkte ist der sonst so verständige Mann in einem zwar edlen Irrthum, aber doch immer in einem Irrthum befangen, daß er seine Freunde für mehr hält, als sie in Wahrheit sind. Lebe wohl!

12.
C. Plinius an Catilius Severus[1]).

Ich will zu Tische kommen, stelle aber im voraus die Bedingung, daß Du keine Umstände und keinen Aufwand machst; nur an sokratischen Gesprächen[2]) braucht es nicht zu fehlen, jedoch bitte ich auch da 2 um Maß und Ziel. Es wird manche Morgenbesuche vor Tageslicht geben, unter die selbst ein Cato nicht ungestraft gerathen

---

[11]) Im Jahre 81 oder 82; vgl. Anm. 2 zu I. 10.
12. [1]) Vgl. Anm. 1 zu I. 22.
[2]) D. h. eine mit feinem Witz gewürzte, leichte und doch ernste gesellige Unterhaltung.

konnte [3]). Und doch tadelt ihn C. Cäsar, freilich in einer Weise, die im Grunde ein Lob enthält. Er schildert nämlich, wie die, welche 3 ihm begegneten, als sie die Hülle vom Haupte des Trunkenen abgezogen [4]), erröthet seien, und fügt dann hinzu: „man hätte glauben können, Cato sei nicht von ihnen, sondern sie vom Cato ertappt worden." Hätte man den Cato in seiner ganzen Hoheit besser bezeichnen können, als dadurch, daß er selbst im Rausche noch ehrwürdig blieb? Bei unserem Mahle aber müssen nicht nur die Vorkehrungen und der 4 Aufwand, sondern auch die Dauer desselben ihr festes Maß haben. Denn wir sind nicht danach, daß selbst unsere Feinde uns nicht tadeln könnten, ohne uns zugleich zu loben.   Lebe wohl!

13.
C. Plinius an Voconius Romanus [1]).

Ich schicke Dir auf Deine Bitte die Dankrede, welche ich vor Kurzem als Consul dem besten Kaiser gehalten habe [2]), und ich würde sie Dir, auch ohne daß Du darum gebeten hättest, geschickt haben. Bitte, beachte dabei nicht allein die Schönheit des Gegenstandes, son- 2 dern auch die Schwierigkeit der Behandlung desselben. Denn bei sonstigen Stoffen hält schon die Neuheit den Leser in Spannung; hier aber hatte ich nur bekannte, allgemein verbreitete und schon vor mir gesagte Dinge zu behandeln. In solchem Falle pflegt dann der Leser, gleichsam unbeschäftigt und unbekümmert, nur auf die Darstellung zu

---

[3]) Plinius deutet leicht an, daß die Gesellschaft sich doch nicht bis in den Morgen des nächsten Tages ausdehnen möge; es könne sonst vorkommen, daß er manchem Clienten, der bereits seine Morgenbesuche abstatte (vgl. Anm. 4 zu III. 7), bei der späten Heimkehr vom Gastmahl als Nachtschwärmer erscheine. Cato ist der Jüngere, der Uticenser, wegen seiner strengen stoischen Grundsätze, seines diesen entsprechenden Lebens und Todes später typisch geworden.

[4]) Bei heiterem Wetter gingen die Römer stets baarhaupt; nur bei Regenwetter wurde ein Theil der Toga über den Kopf gezogen. Cato hatte das Haupt verhüllt, um nicht erkannt zu werden. Die angeführte Stelle fand sich wol im Anticato, einem von Cäsar gegen Cato geschriebenen Buche.

13. [1]) Vgl. II. 13. 4 u. ff.

[2]) Die von Plinius beim Antritte seines Consulates am 1. Sept. 100 dem Trajan im Senate gehaltene und noch erhaltene Dankrede.

achten, und wenn diese allein kritisirt wird, ist es um so schwerer, ihm
3 zu genügen. Wenn nur mindestens dabei noch auf die Anordnung,
die Uebergänge und die Redefiguren gesehen würde! denn eine tüchtige
Erfindung und ein glänzender Ausdruck gelingt manchmal selbst dem
Laien; aber eine geschickte Anordnung des Stoffes und Mannigfaltig-
keit in Anwendung der Figuren bleibt immer der Vorzug des Gelehr-
4 ten. Freilich muß man auch nicht immer nach Schwung und Erhabenheit haschen. Denn gleichwie in der Malerei das Licht durch nichts
so sehr gehoben wird, als durch den Schatten, so muß man auch in
5 der Rede sich aufzuschwingen und herabzustimmen wissen. Aber wozu
sage ich das einem Meister wie Du? Da ist es vielmehr am Platze:
merke an, was Dir einer Besserung bedürftig scheint! Denn erst dann
kann ich glauben, daß Dir das Uebrige gefällt, wenn Du mir im
Einzelnen Deine Mißbilligung zu erkennen gibst. Lebe wohl!

14.
C. Plinius an Acilius [1]).

Scheußlich und nicht blos eines Briefes werth ist die Behandlung,
welche Largius Macedo, ein Mann von prätorischem Range, von seinen
Sklaven erfahren hat. Er war freilich ein tyrannischer und grausamer
Herr, der nur zu sehr oder vielmehr zu wenig vergessen konnte, daß
2 sein eigener Vater Sklave gewesen war [2]). Er badete gerade auf seinem Landgute bei Formiä [3]); plötzlich umringen ihn seine Sklaven;
der eine packt ihn an der Kehle, der andere schlägt ihm in's Gesicht,
andere versuchen ihre Fäuste an seiner Brust, seinem Leibe und, man
schämt sich zu sagen, wo sonst noch. Als sie ihn für todt hielten,
warfen sie ihn auf das heiße Pflaster [4]), um zu sehen, ob er noch lebe.

---

14. [1]) Vielleicht Acilius Rufus, der VI. 13. 5 als Senator, V. 20. 6 als
besignirter Consul genannt wird.

[2]) Je mehr Freigelassene und deren Söhne große Rollen unter den Kaisern
spielten und, wie es schon unter Augustus geschah, in den Senat aufgenommen wurden,
und je mehr in der Folge die Menge solcher Neulinge und Emporkömmlinge ebenso
wuchs, wie die Zahl der Senatoren von edler und alter Abkunft abnahm, desto
größer wurde der Stolz der adeligen Familien auf ihre alten Stammbäume.

[3]) Stadt am Busen von Gaëta.

[4]) Nämlich des von unten geheizten Badezimmers; vgl. Anm. 11 zu II. 17.

Mochte er nun in Wahrheit nichts mehr fühlen oder Gefühllosigkeit er-
heucheln, genug, er blieb unbeweglich und ausgestreckt liegen und bestärkte
sie so in der Ueberzeugung, er sei wirklich todt. Dann erst wurde er, als 3
wäre er von der Hitze erstickt, herausgetragen; seine treueren Sklaven
nahmen ihn in Empfang, und seine Concubinen [5]) liefen unter Heulen
und Geschrei zusammen. So durch die lauten Stimmen geweckt und
durch die Kühle des Ortes erfrischt, gab er durch Aufschlagen der Augen
und Bewegung der Glieder, wie er es jetzt ohne Gefahr konnte, Zeichen
des Lebens. Die Sklaven stoben flüchtend auseinander; ein großer 4
Theil ist ergriffen, auf die Uebrigen wird gefahndet. Er selbst, nur
noch wenige Tage mit Mühe am Leben erhalten, verschied nicht ohne
den Trost, sich gerächt zu wissen, und sah so gewissermaßen noch bei Leb-
zeiten seinen eigenen Mord geahndet. Du siehst, wie vielen Gefahren, 5
wie viel Unbilden und Mißhandlungen wir ausgesetzt sind. Es hat
Niemand Grund, deßhalb außer aller Besorgniß zu sein, weil er sich
für nachsichtig und mild halten darf; denn man mordet den Herrn
nicht auf vorliegende Gründe hin, sondern aus kannibalischer Lust.
Doch genug davon.

Was es sonst Neues gibt? Nichts. Sonst würde ich es noch 6
anfügen, da das Papier noch nicht zu Ende ist und der heutige Feier-
tag mir noch Zeit zu weiteren Mittheilungen ließe. Doch will ich
hinzufügen, was mir gerade noch von eben jenem Macedo einfällt.
Als er einmal in einem öffentlichen Bade zu Rom badete, passirte ein
merkwürdiges und, wie der Ausgang gezeigt hat, sogar ominöses [6])
Ereigniß. Ein römischer Ritter erhielt von einem Sklaven des Macedo 7

---

[5]) Die Ehegesetze des Augustus (vgl. Anm. 5 zu II. 13) verboten die Ehe
zwischen Personen senatorischen Ranges, wie Macedo es war, und Libertinen.
Jede derartige Ehe galt als Concubinat. Doch konnte auch eine unbeschol-
tene Freigeborene als Concubine mit den Rechten der Frau, ohne daß dem
Namen etwas Ehrenrühriges anklebte, geheirathet werden, wenn der Mann Anzeige
machte und das Verhältniß legalisiren ließ. Die Kinder aus einer solchen Ehe
wurden zwar nicht als legitime, aber auch nicht als illegitime angesehen, sondern
galten als „natürliche," zwischen beiden mitten inne stehende. Eingegangen
wurde eine solche Ehe meist nach dem Tode der ersten rechtmäßigen Frau, um
den Kindern der ersten Ehe nicht zu nahe zu treten. Zu diesen beiden Fällen
zählen die Concubinen des Macedo schon wegen ihrer Mehrzahl nicht.

[6]) Inwiefern, gibt §. 8 an.

durch eine leise Berührung mit der Hand einen Wink, seinem Herrn Platz zu machen; der Ritter aber versetzte nicht dem Sklaven, der ihn angerührt hatte, sondern dem Macedo selbst einen so derben Schlag

8 mit der flachen Hand, daß er beinahe niedergestürzt wäre. So wurde das Bad gewissermaßen stufenweise für ihn zunächst ein Ort der Beschimpfung und späterhin des Todes. Lebe wohl!

15.

C. Plinius an Silius Proculus.

Du wünschest, ich möge Deine Gedichte in meiner ländlichen Zurückgezogenheit lesen und prüfen, ob sie der Herausgabe würdig seien. Du glaubst sogar der Bitten zu bedürfen und ziehst ein Beispiel heran, indem Du mich ersuchst, einen Theil meiner müßigen Zeit meinen eigenen Studien zu entziehen und für die Deinigen zu verwenden, und dabei bemerkst, daß M. Tullius mit seltener Freundlichkeit

2 sich dichterischer Talente angenommen habe [1]). Allein es bedarf bei mir weder der Bitten, noch der Ermunterung; denn einestheils ist mir die Dichtkunst an und für sich heilig, anderntheils habe ich für Dich eine entschiedene Hochachtung. So will ich denn Deinen Wunsch

3 mit allem Ernst und mit Freuden erfüllen. Doch glaube ich Dir schon jetzt so viel sagen zu können, daß die Arbeit eine recht hübsche ist und nicht unterdrückt werden darf, das heißt, so weit ich mir ein Urtheil aus Dem bilden konnte, was Du in meiner Gegenwart daraus vorgetragen hast, es müßte denn sein, daß mich Dein Vortrag bestochen hätte; denn Du liefest höchst gefällig und mit Verstand. Aber ich denke doch von meinem Ohre nicht so sehr abhängig zu sein, daß die Schärfe meines Urtheils unter der Einwirkung des zau-

4 berischen Klanges sich ganz verlöre; sie mag vielleicht abgestumpft und ein wenig abgeschwächt werden, aber mir ganz benommen und

5 entwunden werden kann sie doch nicht. Ueber das Ganze kann ich also schon jetzt ohne Uebereilung mein Urtheil abgeben; was aber die

---

15. [1]) Man will aus dieser Stelle schließen, daß nicht Cicero's Bruder Quintus, sondern M. Cicero selbst das Gedicht des Lucrez herausgegeben habe.

einzelnen Theile betrifft, so muß ich dieselben erst lesen und näher prüfen. Lebe wohl!

16.

C. Plinius an Nepos [1].

Ich glaube die Bemerkung gemacht zu haben, daß von den Thaten und Aussprüchen berühmter Männer und Frauen einige zwar eine größere Verbreitung, andere aber eine größere Bedeutung haben. Bestärkt bin ich in dieser Ansicht durch die Unterhaltung, [2] welche ich gestern mit Fannia [2]) hatte. Es ist dies die Enkelin jener Arria [3]), welche ihrem Manne zugleich Trost und Vorbild im Sterben war. Sie erzählte viele Züge von ihrer Großmutter, die nicht minder bedeutend als folgender, nur minder bekannt sind, und ich denke, daß Du sie mit nicht geringerer Bewunderung lesen wirst, als ich sie angehört habe. Ihr Mann, Cäcina Pätus, und ihr [3] Sohn lagen krank, beide, wie es den Anschein hatte, lebensgefährlich. Der Sohn starb, ein Jüngling von ausnehmender Schönheit und nicht geringerer Sittsamkeit, den Eltern nicht blos, weil er eben ihr Sohn war, sondern ebenso sehr wegen anderer Eigenschaften theuer. Sie besorgte für ihn die Bestattung und hielt das Leichenbegängniß [4] so ab, daß der Mann nichts merkte; ja, so oft sie in sein Zimmer trat, gab sie vor, der Sohn lebe noch und es gehe sogar etwas besser, und gar oft, wenn er fragte, wie es um sein Kind stehe, antwortete sie, er habe gut geschlafen, mit Appetit gegessen. Wenn dann aber [5] die lang zurückgehaltenen Thränen mit Gewalt hervorbrachen, ging sie hinaus, und dann erst gab sie sich dem Schmerze hin. Hatte sie sich ausgeweint, so kehrte sie mit trockenen Augen und gefaßter Miene

---

16. [1]) Vgl. Anm. 1 zu II. 3.

    [2]) Vgl. Anm. 6 zu III. 11.

    [3]) Sie war die Gemahlin des Consularen Cäcina Pätus, der, weil er an Camillus Scribonianus' Empörung betheiligt gewesen, aus Illyrien nach Rom geschleppt wurde, um dort sein Urtheil zu empfangen. Als ihm hier die Wahl zwischen schimpflicher Hinrichtung und dem Tode durch eigene Hand gelassen wurde, er aber die Wahl zu treffen zögerte, stieß sich Arria den bereit liegenden Dolch in die Brust und reichte ihn dem zagenden Gatten mit den Worten: „Pätus, es thut nicht weh." Sie ist die Mutter der gleichnamigen Arria, der Gemahlin des P. Thrasea Pätus (vgl. Anm. 9 zu III. 11).

6 zurück, als wenn fie ihren Verlust braußen gelaßen hätte. Es ist wahr, Arria handelte groß, als fie den Stahl zückte, die Bruft durchbohrte, den Dolch herauszog und ihrem Manne mit den unfterblichen und fast göttlichen Worten darreichte: „Pätus, es thut nicht weh!" Aber bei dieser That, bei diesen Worten schwebten Ruhm und Unsterblichkeit vor ihren Augen; um desto größer ist es, ohne den Lohn der Unsterblichkeit, ohne den Preis des Ruhmes die Thränen zu verbergen, den Jammer zu verhüllen und selbst, nachdem man den Sohn verloren, noch die Mutter zu spielen.

7 Scribonianus [4]) hatte in Illyricum gegen Claudius die Waffen ergriffen; Pätus hatte auf seiner Seite gestanden und wurde nach der

8 Ermordung des Scribonianus nach Rom abgeführt. Er wollte eben das Schiff besteigen; Arria bat die Wache, auch fie an Bord zu nehmen: „Ihr würdet ja doch," sagte fie, „einem Consularen einige Sklaven gestatten, die ihn beim Essen bedienen, die ihn ankleiden und ihm die Schuhe anziehen könnten; das kann ich alles allein be-

9 sorgen." Man schlug es ihr ab. Da miethete fie einen kleinen Fischerkahn und folgte in diesem armseligen Fahrzeuge dem großen Schiffe nach.

Ebenso sagte fie zur Gemahlin des Scribonianus, als dieselbe vor Claudius fich zum Geständniß bereit erklärte: „Ich sollte Dich anhören, in deren Schooß Scribonianus ermordet wurde und die trotzdem noch das Leben erträgt?" Daraus geht klar hervor, daß ihr Tod nicht die Folge eines urplötzlichen Entschlusses war.

---

[4]) M. Furius Camillus Scribonianus erhob als Befehlshaber der dalmatischen Legionen im Jahre 42 gegen den im Jahre zuvor erhobenen Kaiser Claudius einen Aufruhr, verpflichtete sein Heer und forderte den Kaiser unter dem Versprechen persönlicher Sicherheit zur Abdankung auf. Schon zog der ängstliche Kaiser seine Entsagung in ernstliche Erwägung, als bereits am fünften Tage nach dem Ausbruche des Aufstandes das Heer dem Feldherrn den Gehorsam aufkündigte und, von unheilverkündenden Götterzeichen erschreckt, seine Officiere ermordete. Scribonian suchte auf der Insel Issa eine Zuflucht, wurde aber auch dorthin verfolgt und von einem gemeinen Soldaten erschlagen. Nun wüthete man gegen die Mitwisser und Mitschuldigen, und bei dieser Gelegenheit war es, wo die Wittwe des Scribonian, Junia, um fich selbst zu retten, fich zu umfassenden Geständnissen bereit erklärte. Die Scene fiel in der Senatssitzung, in welcher die angeklagten Männer und Frauen gerichtet wurden, vor.

Noch mehr. Als ihr Schwiegersohn Thrasea [5]) mit Bitten in 10
sie drang, doch nicht auf dem Tode zu beharren, und unter Anderem
sie fragte: „du wünschtest also, daß, wenn ich sterben muß, beine
Tochter mit mir stürbe?" erwiderte sie: „ja, wenn sie so lange und so
einträchtig mit bir gelebt hat, wie ich mit Pätus." Die Sorge ber 11
Ihrigen um sie wurde durch diese Antwort gesteigert: man bewachte
sie sorgsältiger. Die bemerkte es und erklärte: „ihr macht euch unnütze Mühe; denn könnt ihr gleich es dahin bringen, daß mir ber
Tod erschwert wird, meinen Tod selbst könnt ihr nicht verhindern."
Bei biesen Worten sprang sie vom Sessel auf und rannte mit solcher 12
Gewalt mit der Stirn gegen die Wand, daß sie zusammenstürzte.
Als man sie wieder zu sich gebracht, sprach sie: „ich hatte es euch ja
gesagt, baß ich schon einen, wenn auch noch so schweren Weg zum Tode
finden würde, falls ihr mir einen leichten versagtet."

Spricht aus biesen Zügen nicht mehr Größe als aus jenem: 13
„Pätus, es thut nicht weh," zu dem sie burch diese Vorgänge erst
gelangte? Und boch redet hiervon die ganze Welt, von jenen ist
nirgends bie Rebe. Es folgt baraus, was ich im Anfange sagte,
baß der bloße Ruhm einer That noch nicht der Maßstab ihrer Größe
ist. Lebe wohl!

17.

C. Plinius an Julius Servianus [1]).

Ist etwas bei Dir vorgefallen, weil ich schon so lange vergeblich
auf einen Brief von Dir warten muß? oder steht Alles gut und Du
bist nur zu sehr mit Geschäften überladen? oder ist auch Dieses nicht
ber Fall und Du hast nur selten oder gar keine Gelegenheit, mir zu
schreiben? Reiß mich aus dieser Besorgniß heraus, beren ich mich 2

---

[5]) Der große Volkstribun, P. Pätus Thrasea, ber im Jahre 66 unter Nero,
um ber Hinrichtung zuvorzukommen, sich freiwillig bie Abern öffnete.
17. [1]) Seiner Fürsprache verbankte Plinius bie Gewährung des Dreikinderrechts
(vgl. Anm. 6 zu II. 13) burch Trajan (vgl. Briefe an Trajan 2. 2). Erwähnt wird er noch VII. 6. 9. Ob der Servianus, an welchen VI. 26 gerichtet
ist und dessen Plinius VII. 28. 5 gedenkt, berselbe sei, ist nicht mit Sicherheit
zu ermitteln, aber wahrscheinlich.

nicht erwehren kann, ja, reiß mich heraus, und müßte es durch einen besonderen Boten geschehen[2]). Ich will gern das Botenlohn zahlen, ja noch ein Geschenk obendrein; möge er nur erwünschte Botschaft 3 bringen. Mir geht es gut, wenn man es gut nennen kann, in Hangen und Bangen zu leben, Stunde für Stunde zu zählen und für ein so theueres Haupt Alles zu fürchten, was uns Menschen begegnen kann. Lebe wohl!

18.
C. Plinius an Curius Severus.

Mein Amt als Consul legte mir auf, dem Kaiser im Namen der Republik den Dank derselben auszusprechen[1]). Obwohl ich dieses im Senate der Sitte gemäß mit gebührender Rücksicht auf den Ort und die Zeit gethan, so hielt ich es doch für einen guten Bürger angemessen, denselben Gegenstand in einer besondern Schrift weitläufiger 2 und vollständiger zu behandeln, einestheils, um dem geliebten Kaiser seine eigenen Tugenden durch ungeheucheltes Lob an's Herz zu legen, anderntheils, um künftige Fürsten nicht mit der Miene eines Lehrers, aber doch durch Aufstellung eines Musterbildes im voraus auf die Bahn hinzuweisen, auf der sie am füglichsten zu gleichem Ruhme ge-3 langen könnten. Denn nachzuweisen, wie ein Fürst sein solle, ist ein zwar schönes, aber mühseliges und fast übermüthiges Unternehmen; allein ein anerkennendes Bild des besten Fürsten zu entwerfen und in diesem dem künftigen Geschlechte gleichsam aus der Höhe ein Licht entgegen zu halten, das ihm ein Leitstern sein soll, darin liegt bei 4 gleichem Nutzen nicht die entfernteste Anmaßung. Nun war es keine geringe Freude für mich, daß, als ich diese Arbeit meinen Freunden vorlesen wollte und ich nicht durch besondere Billete oder Ankündigungen[2]), sondern mit dem Bemerken eingeladen hatte: „wenn es ihnen gerade genehm wäre oder sie überflüssige Zeit hätten" (bedenke

[2]) Vgl. Anm. 6 zu II. 12.
18. [1]) Vgl. Anm. 5 zu II. 1.
[2]) Vgl. Anm. 1 zu I. 13. Nicht selten wurden bevorstehende Vorlesungen, Gladiatorenkämpfe, Thierhetzen und andere Festlichkeiten durch Anschläge an Säulen und Mauerflächen angekündigt.

dabei, daß man in Rom niemals überflüssige Zeit oder Lust hat, eine Vorlesung anzuhören), sie sich dennoch, obendrein bei dem scheußlichsten Wetter, an zwei Tagen nacheinander einfanden und, als ich bescheiden meine Vorlesung schließen wollte, darauf bestanden, ich möge noch einen dritten Tag zugeben. Soll ich dieß als eine mir oder 5 den Wissenschaften erwiesene Ehre ansehen? Ich hoffe, sie galt der Wissenschaft, die nach todesähnlichem Schlafe wieder zum Leben erwacht. Aber, wendet man wol ein, was war das auch für ein 6 Gegenstand, dem man diese Aufmerksamkeit bewies? Nun, es war derselbe, dessen wir sonst selbst im Senate, wo wir doch aushalten mußten, oft schon im ersten Augenblicke überdrüßig waren und über den man jetzt drei Tage hindurch Vorlesungen nicht nur halten, sondern auch hören mag, nicht etwa, weil er jetzt beredter als früher, sondern weil er freimüthiger und deßhalb lieber behandelt wird. Also auch darin liegt ein neuer Zuwachs zu dem Ruhme unseres 7 Fürsten, daß ein Anlaß, der früher ebenso widerwärtig war, als er verlogen behandelt wurde, jetzt ebensoviel Wahrhaftigkeit als offene Herzen findet. Aber ich persönlich war nicht minder über den 8 Geschmack meiner Zuhörer, als über ihre Theilnahme erfreut; denn ich bemerkte, daß gerade die ernstesten Stellen am meisten befriedigten. Zwar verhehle ich mir nicht, daß ich nur Wenigen Das vor- 9 trug, was ich doch für Alle geschrieben habe; allein trotzdem freue ich mich des ernsten Maßstabes, den sie an mich legten, nicht minder, als läge darin bereits das künftige Urtheil des Publikums, und gleichwie früher die Theater schlechte Sänger erzogen, so neige ich mich jetzt der Hoffnung zu, es könne noch dahin kommen, daß sie auch wieder gute Sänger heranbilden. Denn Jeder, der um 10 des Beifalls willen als Schriftsteller auftritt, wird so schreiben, wie der herrschende Geschmack es verlangt [3]. Ich meinestheils hege die Zuversicht, daß bei einem Stoffe von dieser Art eine blühendere Darstellung gerechtfertigt sei, indem diejenigen Stellen, welche knapper und gedrungener gefaßt sind, leichter den Anschein des Gesuchten und Weithergeholten erregen können, als diejenigen, in denen ich einen

---

[3] Weil sie nur dem verdorbenen Geschmacke des Publikums huldigten, während Plinius jetzt die Zeit einer besseren Geschmacksrichtung gekommen glaubt.

heiteren Ton anschlug und mir gewissermaßen die Zügel schießen ließ. Trotzdem aber bleibt es mein heißester Wunsch, daß irgend einmal der Tag kommen möge (und wenn er doch schon da wäre!), wo dieser süßliche und losende Ton jener ernsten und männlichen Rede seine 11 verjährten Rechte endgültig abtritt. Da hast Du meine Geschichte aus jenen drei Tagen; ich wünsche nur, daß die Mittheilung derselben Dir auch in der Ferne sowohl in Rücksicht der Wissenschaft als auch in Beziehung auf mich ebensoviel Vergnügen gewähren möge, als Du empfunden haben würdest, wenn Du zugegen gewesen wärest. Lebe wohl!

19.

C. Plinius an Calvisius Rufus.

Ich muß Dich doch einmal wieder, wie ich schon oft gethan, mit in meinen Familienrath ziehen. Es steht ein an meine Besitzungen gränzendes, theils sogar darin eingeschobenes Gut zum Verkaufe. Manches dabei macht mir Lust, einiges nicht minder Erhebliche da-2 gegen schreckt mich ab. Lust macht mir zunächst schon die Bequemlich-keit der Arrondirung, dann, was ebenso vortheilhaft als angenehm ist, der Umstand, daß ich beide mit ein und derselben Mühe, mit einem und demselben Reisegelde zugleich besuchen, beide unter demselben Oberaufseher[1] und im Ganzen mit denselben Verwaltern halten kann, nur eine Villa einzurichten und hübsch auszustatten, die andere blos 3 im Stande zu halten brauche. Inbegriffen in dieser Berechnung ist der Aufwand für den Hausrath, für die Castellane[2], Gärtner-burschen, Handwerker und sogar für das Jagdzeug, hinsichtlich deren es einen bedeutenden Unterschied macht, ob man sie an einem Orte zusammenhaben oder auf verschiedene Plätze vertheilen muß. Andern-4 theils befürchte ich, es möchte unbesonnen sein, einen so großen Besitz allen Witterungs- und andern Unfällen zugleich auszusetzen, und es scheint sicherer, dem Unbestande des Glücks durch verschieden gelegene

---

19. [1] D. h. der Bevollmächtigte des Herrn, dem die Verwalter, welche zugleich Geschäfts- und Kassenführer sind, Rechnung zu legen haben.

[2] Der Haushofmeister der herrschaftlichen Villa, der die Oberaufsicht über das Ameublement, die Reinigung und Erhaltung derselben führt.

Befitzungen zu begegnen. Außerdem hat auch die Veränderung der Luft und des Bodens und schon das Reisen von einem Gute zum an-dern seine großen Annehmlichkeiten. Nun sind aber, was bei meinem 5 Ueberschlage vorzugsweise in die Wagschaale fällt, die Ländereien fruchtbar, von settem Boden und gut bewässert; sie bestehen aus Fel-dern, Weinbergen und Walbungen mit Bauholz, welches einen zwar nur mäßigen, aber doch bestimmten Ertrag abwirft. Allein diese Er- 6 tragsfähigkeit des Bodens wird durch die Dürftigkeit der Bebauer wieder abgeschwächt. Denn der frühere Besitzer hat wiederholt die ihm haftenden Pfänder[3]) verkauft und so zwar die Rückstände der Pächter für den Augenblick vermindert, aber ihre Hülfsquellen für die Folgezeit erschöpft, so daß durch diesen Ausfall die Rückstände von Neuem anwuchsen. Man muß also den Leuten, eben weil sie sonst 7 tüchtig sind, mit desto größeren Kosten wieder Arbeiter[4]) beschaffen; denn weder ich selbst besitze irgendwo Adersklaven, noch sonst Jemand in der Gegend.

Ich muß Dir nun zum Schluß noch den Preis mittheilen, um den das Gut zu erstehen sein möchte. Ich denke, zu 3 Millionen[5]). Nicht als ob es nicht einmal 5 Millionen[6]) werth gewesen; aber durch die Armuth der Pächter und die allgemeine Noth der Zeit ist mit dem Ertrage der Ländereien auch deren Preis zurückgegangen. Fragst 8 Du, ob ich jene 3 Millionen leicht zusammenbringen könne, so bin ich zwar ganz in Landgütern angelegt, allein ich habe doch auch Einiges ausstehend, und es würde mir nicht schwer fallen, Geld aufzunehmen: ich kann es von meiner Schwiegermutter[7]) bekommen, über deren Kasse ich wie über meine eigene verfügen darf. Also Das braucht Dich 9 nicht zu kümmern, wenn Du im Uebrigen, das ich Dich auf das Sorg-fältigste in Betracht zu ziehen bitte, kein Bedenken hast. Du hast ja

---

[3]) Der Pachter haftete dem Besitzer mit seinem Hab und Gut für die Bezah-lung der Pachtgelder. Blieb er im Rückstande, so hatte der Gutsherr das Recht, sich durch Verkauf desselben schadlos zu halten. Meist wurden die Sklaven der Pachter zum Verkauf gebracht.

[4]) Natürlich Sklaven.

[5]) Gegen 218,000 Thaler.

[6]) 862,000 Thaler.

[7]) Pompeja Celerina; vgl. Anm. 1 zu I. 4.

nicht nur überhaupt, sondern gerade in Vermögensangelegenheiten so viel Umsicht und Erfahrung. Lebe wohl!

20.
C. Plinius an Messius Maximus[1].

Du erinnerst Dich wol, öfter gelesen zu haben, wie viel Händel ein Stimmgesetz[2] erregt und wie viel Lob oder Tadel es der Person 2 seines Urhebers gebracht hat. Und jetzt ist gerade dieß als das Allerbeste im Senate ohne Widerspruch durchgegangen: Jedermann forderte 3 am Comitientage[3] Stimmtäfelchen. Wir hatten freilich in unseren früheren öffentlichen und mündlichen Abstimmungen die Rücksichtslosigkeit der Volksversammlungen überboten. Da war nicht von einer Beobachtung der zum Reden gestatteten Zeit[4], nicht von einem rücksichtsvollen Schweigen, nicht einmal von einem anständigen Verweilen 4 auf den Plätzen die Rede. Ueberall lautes, durcheinander tönendes Geschrei; Jedermann drängte sich mit seinen Candidaten vor[5], ganze

---

20. [1] Der ebenfalls an Messius Maximus gerichtete Brief IV. 25 schließt sich auch im Inhalte an den vorliegenden Brief an.

[2] Während früher für alle Gegenstände der Volksberathung (Wahlen, Gesetze, Criminalprocesse) öffentliche und mündliche Abstimmung gegolten hatte, wurde zuerst für die Magistratswahlen, im Jahre 139 v. Chr., dann für die Gesetzgebung und Processe geheime Abstimmung vermittelst Stimmtäfelchen eingeführt. Es wurden dabei an jeden Stimmberechtigten im Allgemeinen zwei Täfelchen verabreicht, das eine für, das andere wider den Antrag lautend. Nur bei Wahlhandlungen wurde ein einziges, mit Wachs überzogenes Täfelchen verabreicht, auf welches der Wähler selbst den oder die Namen schrieb oder schreiben ließ, für welche er stimmte.

[3] Seit Tiberius' Regierungsantritt war die Wahl sämmtlicher republikanischen Beamten vom Volke auf den Senat übertragen (Tacit. Annalen I. 15), so daß dem ersteren nur insofern ein scheinbarer Antheil daran blieb, als die vom Senate Erwählten dem versammelten Volke in den Comitien vorgestellt und von diesem mit den üblichen Acclamationen empfangen wurden. Selbst der Name „Comitien" (Volksversammlungen) ging auf die betreffenden Senatssitzungen über.

[4] Man erbat und erhielt in den Volks-, wie in den Senatsversammlungen das Wort; allein der zugelassene Redner wurde, wie Plinius erzählt, von andern Senatoren unterbrochen, oder man sprach, ohne das Wort zu haben.

[5] Um dieselben vorzustellen. Eine solche Vorstellung war zur Zeit der Republik stets allein die Befugniß des Vorsitzenden.

Züge bewegten sich mitten durch, es bildeten sich eine Masse Einzelgruppen, es herrschte ein unanständiger Wirrwarr: so tief waren wir von der Väter Sitte herabgesunken, bei denen sich Alles in Ordnung, Maß und edler Ruhe hielt und die Majestät des Ortes zart zu wahren wußte [6]). Noch leben alte Männer, aus deren Munde ich Folgendes über den Verlauf der Comitien höre: Wenn der Name eines Candidaten verlesen war, trat tiefe Stille ein: er ergriff selbst für sich das Wort, er gab ein Bild seiner Vergangenheit, er nannte seine Zeugen und Empfehlungen, und das war entweder Der, unter dem er im Felde gedient hatte, oder Der, dessen Quästor er gewesen war, oder, wenn möglich, beide; er nannte auch die Namen einiger ihn unterstützenden Freunde, und diese sprachen ein gewichtiges und kurzes Wort für ihn. Und das wirkte mehr als alle Fürbitte. Dann und wann rügte er wol eines Mitbewerbers Herkunft, seine Jahre [7]) oder selbst seinen Charakter. Und der Senat lieh gleich strengen Sittenrichtern sein Ohr. Auf diese Weise fiel denn gar häufig die Würdigkeit stärker in die Wagschale als die persönliche Beliebtheit. Weil nun das alles durch maßlose Parteigunst zum Unheil sich gewendet hat, so soll die geheime Abstimmung so eine Art von Heilmittel dagegen abgeben. Und das ist sie mittlerweile allerdings gewesen; denn sie kam unerwartet und überraschend. Allein ich fürchte, daß im Verlaufe der Zeit das Heilmittel selbst neue Uebel erzeugt. Liegt doch die Sorge nahe, daß sich bei der geheimen Abstimmung die Unverschämtheit einschleiche. Denn wie viele sind Derer, die Pflicht und Ehre im Geheimen ebenso hoch halten, wie vor der Oeffentlichkeit? Scheut sich auch Mancher vor dem Urtheile der Welt, so hegen doch nur Wenige Scheu vor dem eigenen Gewissen. Doch das heißt wol gar zu vorschnell von der Zukunft geurtheilt. Jedenfalls werden wir, Dank den Stimmtäfelchen, mittlerweile Beamte haben, die es vollkommen zu werden verdienen. Denn, wie es dem

---

[6]) Plinius irrt: auch während der Republik boten die Volksversammlungen Sceuen der rohesten, gewaltthätigsten Art.

[7]) Es galten seit 180 vor Chr. feste gesetzliche Bestimmungen über das Alter, welches zur Bewerbung um die einzelnen öffentlichen Aemter erforderlich war.

Recuperatorengerichte geht [8]), so ging es uns bei diesen Comitien: die Sache kam uns gewissermaßen über den Hals und wir zeigten uns als ehrliche Richter.

10 Ich habe Dir das mitgetheilt, einestheils, um etwas Neues zu berichten, anderntheils, um manchmal über Politik mit Dir zu reden — ein Gegenstand, den zu besprechen wir um so weniger versäumen dürfen, je seltener uns dazu im Vergleich mit unseren Vorfahren die 11 Gelegenheit geboten wird. Wollen wir uns denn um des Himmels willen ewig in den trivialen Floskeln bewegen: „wie geht's? Du befindest Dich doch im erwünschten Wohlsein?" Auch unsere Briefe sollen nicht immer am Gewöhnlichen und Gemeinen kleben und sich 12 nicht immer um das liebe Ich drehen. Zwar steht Alles unter dem leitenden Willen eines Einzigen, der im Interesse des Gesammtwohls die Sorgen und Mühen der Einzelnen auf sich genommen hat; allein in Folge einer heilsamen Vertheilung fließen doch aus jenem reichen Quell einige Bäche auch auf uns hernieder, aus denen wir nicht nur selbst trinken, sondern auch unsern abwesenden Freunden brieflich kredenzen können. Lebe wohl!

---

[8]) Ursprünglich ein völkerrechtliches Institut, eingeführt durch Verträge der Römer mit andern Nationen, wonach künftig die Streitigkeiten Einzelner nicht auf völkerrechtlichem Wege, sondern privatrechtlich durch ein aus Männern beider Nationen zusammengesetztes Schiedsgericht ausgemacht werden sollten. Diese entschieden also über Zurückgabe und Ersatz weggenommener Gegenstände und über alle anderen Privatansprüche, wovon sie sogar den Namen (= Gerichte über Wiedererstattung) erhielten. Daher kommen sie sehr oft in den Provinzialprocessen vor. In Rom selbst richteten sie nur in Processen zwischen Römern und Fremden oder zwischen Fremden auf beiden Seiten, bis sie endlich auch bei der ordentlichen römischen Rechtspflege angewendet wurden. Die Zahl der jedesmal richtenden Recuperatoren war in der Regel drei oder fünf. Ursprünglich, als die Parteien verschiedenen Nationalitäten angehörten, wählte jede Partei einen Richter, und dazu kam nach Uebereinkunft oder Loos ein dritter unparteiischer. Als aber das Gericht ein römisches Institut geworden war, hörte der Dualismus der Nationen auf, und es wurden stets mehrere römische Recuperatoren den Parteien vorgeschlagen, welche das Recht der Verwerfung hatten. Das recuperatorische Verfahren diente zur Beschleunigung des Processes, weil die eine Partei früher nicht selten aus weiter Ferne kam und eine rasche Beendigung wünschen mußte. Auf diese Raschheit der Wahl und des Verfahrens spielt Plinius an.

21.

C. Plinius an Cornelius Priscus [1]).

Ich höre eben mit Bedauern, daß Valerius Martialis [2]) gestorben ist. Er war ein Mann von Geist, ein scharfer und lebendiger Kopf, als Schriftsteller von großem Witz und beißender Galle, aber von gleich großer Lauterkeit des Herzens. Ich hatte ihm bei seiner 2 Abreise ein kleines Angebinde mitgegeben; das glaubte ich unserer Freundschaft, das auch den kleinen Versen schuldig zu sein, die er auf mich gemacht hat. In der guten alten Zeit war es Sitte, Die, welche 3 etwas zum Lobe einzelner Persönlichkeiten oder ganzer Städte geschrieben hatten, mit Ehrengaben oder einem Geldgeschenk auszuzeichnen; in unseren Tagen ist, wie vieles Schöne und Herrliche, so vornehmlich dieser Brauch abgekommen. Denn seitdem wir es aufgegeben, etwas zu thun, was des Lobes werth wäre, halten wir es natürlich nicht mehr für passend, uns loben zu lassen. Du wirst wissen wollen, was 4 das für Verse gewesen, für die ich meinen Dank abtrug. Ich würde Dich auf die Sammlung selbst verweisen, wenn ich nicht einige im Gedächtniß hätte. Gefallen Dir diese, so kannst Du ja die anderen dort nachschlagen. Er wendet sich an die Muse und gibt ihr auf, mein 5 Haus auf den Esquilien [3]) zu suchen und demselben mit Ehrfurcht zu nahen:

Aber hüte Dich, daß Du nicht zur Unzeit
Trunken an die beredte Thüre klopfest.
Ganze Tage der ernsten Pallas [4]) weiht er;
Denn er schreibt für das Ohr der Hundertmänner [5]),

---

21. [1]) Er wird V. 20. 7 als Consular erwähnt.

[2]) M. Valerius Martialis, um das Jahr 40 zu Bilbilis (Bilbao) in Spanien geboren, kam früh nach Rom, wo er an Titus und Domitian wohlwollende Gönner fand. Später gerieth er in Bedrängniß und kehrte im Jahre 98, von Plinius unterstützt, in sein Vaterland zurück. Dort starb er im Jahre 101. Seine 14 Bücher Epigramme oder Sinngedichte sind erhalten.

[3]) Einer der größten Hügel Roms; an demselben wohnte Plinius.

[4]) Minerva als Schützerin der Wissenschaften.

[5]) Der Centumviralrichter, vor denen damals alle Civilprocesse verhandelt wurden; vgl. Anm. 6 zu I. 5.

Was Jahrhunderte, was die späte Nachwelt
Gleich Arpinischen Werken[6]) schätzen könnten.
Sicher gehst Du bei spätem Lampenlichte.
Dann ist's Zeit für Dich, wenn Lyäus[7]) schwärmet,
Wenn die Rose da herrschet, wenn das Haar trieft.
Dann mag selbst mich ein strenger Cato lesen.

That ich recht, wenn ich damals den Scheidenden mit einem Zeichen warmer Anerkennung entließ und jetzt den Todten wie einen lieben Freund betrauere? Gab er mir doch das Beste, was er geben konnte, und würde noch mehr gethan haben, wenn es ihm gestattet gewesen wäre. Und doch, kann der Mensch dem Menschen Besseres geben als Ehre und Ruhm und seines Namens Gedächtniß für die Ewigkeit? Allein, wendest Du vielleicht ein, seine Schriften sind nicht für die Ewigkeit. Möglich, daß sie es nicht sind; aber er schrieb sie doch in der Hoffnung, sie würden es sein. Lebe wohl!

---

[6]) D. h. gleich den Werken des in Arpinum geborenen M. Tullius Cicero.

[7]) Bacchus. Martial räth der Muse, dem Plinius erst am Abend zur Zeit eines Trinkgelages, zu dem man sich mit Rosen und anderen Blumen und wohlriechenden Kräutern bekränzte und mit duftenden Oelen salbte, mit seinen Gedichten zu nahen. Denn dann werde der Ernst des Plinius, wie einst des Cato von Utica (vgl. Anm. 3 zu III. 12), der heitersten Laune Platz gemacht haben und der Redner für solche leichtfertige Producte gestimmt sein.

Druck von C. Hoffmann in Stuttgart.